Die Subventionsproblematik
im Regelwerk der WTO

von

Dr. Dietrich Scheffler

Die Subventionsproblematik im Regelwerk der WTO

von

Dr. Dietrich Scheffler

© Dietrich Scheffler, 2016
Published by: Create Space, Amazon
All rights reserved.

Der vorliegende Text dient der Einführung und Information, nicht aber der Beratung bei individuellen rechtlichen Anliegen. Die Abhandlungen können und wollen keine individuelle anwaltliche oder sonstige Rechtsberatung ersetzen.

Vorwort

Die vorliegende Abhandlung richtet sich an Wirtschaftswissenschaftler, insbesondere aber auch an Juristen mit Interesse am internationalen Wirtschaftsrecht. Sie möchte dem Leser – in kompakter und nach Möglichkeit dennoch detaillierter Form – einen Einblick in das jahrzehntelange unermüdliche Ringen der Weltgemeinschaft verschaffen, das Problem der dem internationalen Handel so hinderlichen Subventionen „in den Griff" zu bekommen.

Die bisherigen – wenn auch nur in vielen mehr oder weniger kleinen Schritten erreichten – Fortschritte geben nach Überzeugung des Autors durchaus Anlass zu (vorsichtigem) Optimismus. Gleichwohl wird wohl noch einiges zu tun bleiben, ehe von einem wirklich freien Welthandel gesprochen werden kann.

Seeheim-Jugenheim im September 2016,

Dietrich Scheffler

Inhaltsverzeichnis

Vorwort	**S. 5**
Abkürzungsverzeichnis	**S. 13**
Einleitung	**S. 15**
- Die WTO, ihre Ziele und Prinzipien	S. 15
- Die WTO als Dachorganisation dreier Vertragswerke	S. 16
- Das GATS-Abkommen	S. 16
- Das TRIPS-Abkommen	S. 17
- Das GATT-Abkommen	S. 18
Die „Zollrunden" des GATT	**S. 22**
Rechtsgrundlagen der Subventionsregelung	**S. 23**
- 1. Das GATT-Abkommen von 1994	S. 23
- 2. Die Regelung von Subventionen im Einzelnen	S. 25
a) Der Grundsatz „Tariffs only"	S. 25
b) Art. XVI GATT	S. 25
c) Art. VI GATT	S. 26
Begriffsbestimmung der Subvention	**S. 27**
- 1. Abgrenzung gegenüber Dumping	S. 27
a) Definition von Dumping	S. 27
b) Die Subvention als Mittel staatlicher Wirtschaftspolitik	S. 27
- 2. Definition der Subvention in Art. VI GATT	S. 28
Volkswirtschaftliche Folgen von Subventionen	**S. 30**
- 1. Vorteile	S. 30
- 2. Nachteile	S. 30
- 3. Unterschiedliche Subventionsarten	S. 30
Exportsubventionen	**S. 31**
- 1. Definition	S. 31
- 2. Vorteile für den Hersteller	S. 31
- 3. Nachteile für den Verbraucher	S. 32
- 4. Tendenz	S. 32

Produktionssubventionen **S. 33**
- 1. Begriffsbestimmung S. 33
    a) Allgemeine Definition S. 33
    b) International verbindliche
    Definition? S. 34
    c) Definition nach *Lehmann* S. 34
- 2. Differenzierung Produktionssubvention
- Exportsubvention S. 35
- 3. Vorteile der Produktionssubvention für
inländische Hersteller und Verbraucher S. 36
    a) Preisvorteile S. 36
    b) Schonender Einfluss auf den
    Welthandel S. 36

Subventionskodex **S. 37**
I. Subventionskodex 79 S. 38
- 1. Begriffserläuterung S. 38
- 2. Unzulässige Subventionen S. 38
    a) Sinn und Zweck des
    Subventionskodex 79 S. 38
    b) Exportsubventionen für
    Grundstoffe S. 39
    c) Exportsubventionen für
    verarbeitete und mineralische
    Grundstoffe S. 40
- 3. Abwehr unzulässiger Subventionen S. 40
    a) Transparenz der Subventions-
    praktiken S. 40
    b) Ermittlung einer „bedeutenden
    Schädigung" S. 41
    c) Das Kausalitätserfordernis S. 41
II. Subventionskodex 94 S. 42
- 1. Integration in das WTO-Abkommen S. 42
- 2. Schwächen des Subventionskodex 79 S. 43
- 3. Verbesserungsvorschläge der
International Chamber of Commerce (ICC) S. 44
    a) Definition und Begriffsabgrenzung der
    „ausgleichszollfähigen Subvention" S. 44
    b) Adäquanz von Subventionen und
    Ausgleichszoll S. 46

  c) Transparenz von Subventionsmaßnahmen   S. 46
  d) Subventionsverbote   S. 46
- 4. Materiellrechtliche Fortschritte des
Subventionskodex 94   S. 47
  a) Grundsätzlicher Aufbau   S. 47
  b) *Track I* (Art. 10 ff
   Subventionskodex 94)   S. 47
  c) *Track II* (Art. 3 ff
   Subventionskodex 94)   S. 48
  d) Bestimmung des Begriffs
   „Subvention"   S. 49
- 5. Resümee   S. 51

Antisubventionsmaßnahmen   **S. 53**
- 1. Notwendigkeit   S. 53
  a) Subventionspraktiken   S. 53
  b) Handelssteuerung nur durch
   Zölle   S. 54
- 2. Transparenz bei der Subventionsgewährung und bei Gegenmaßnahmen   S. 55
- 3. Die Rechtsgrundlage des Art. VI GATT   S. 56
- 4. Voraussetzungen für Antisubventionsmaßnahmen   S. 56
  a) Voraussetzungen des
   Art. VI Abs. 6 a) GATT   S. 56
  b) Auslegungsprobleme   S. 57
- 5. Die Abwehr von unzulässigen
Subventionen in der EU   S. 58
  a) Rechtsgrundlagen   S. 58
  b) „Schädigung" und Kausalität   S. 59

Schutzklausel-Kodex   **S. 60**
- 1. Begriff   S. 60
- 2. Vertragliche Grundlagen   S. 60
- 3. Zielsetzung des Schutzklausel-Kodex
der ICC   S. 61
- 4. Wesentliche Bestimmungen   S. 62
- 5. Verfahrensregeln   S. 62
  a) Schutzklausel-Ausschuss   S. 62
  b) Anruf des Schutzklausel-
   Ausschusses   S. 62

- 6. Resümee S. 63
Streitbeilegungs- und Schlichtungs-
verfahren **S. 64**
- 1. Begriff und Funktion S. 64
- 2. Bisherige Regelung S. 65
    a) Vertragliche Grundlagen S. 65
    b) Anwendungsfälle S. 65
    c) Konsultationspflicht S. 66
    d) Einsetzung eines *Panel* S. 66
    e) (Weitere) Vorteile S. 67
- 3. Verbesserungsvorschläge der ICC S. 68
    a) Verbesserungsbedarf hinsichtlich
    des bisherigen Streitbeilegungs-
    verfahrens S. 68
    b) Konkrete Vorstellungen der ICC S. 69
- 4. Das Übereinkommen über Subventionen
und Ausgleichsmaßnahmen (SCM) S. 70
    a) Entstehung und Ziele S. 70
    b) Das neue Streitbeilegungs-
    system S. 71
        aa) Definition der
        „Subvention" S. 71
        bb) „Verbotene"
        Subventionen S. 71
        cc) Sanktionen S. 72
    c) Das neue Streitschlichtungs-
    verfahren S. 72
Exkurs: Das Subventionsrecht der EU **S. 73**
- 1. Die Subvention S. 73
    a) Der Subventionsbegriff S. 73
    b) Rechtsposition der EU gegenüber
    GATT und Subventionskodex 79 S. 74
- 2. Anwendbarkeit des GATT/WTO-
Subventionsrechts? S. 75
- 3. Die Abwehr von Subventionen S. 76
    a) Antisubventionsmaßnahmen S. 76
        aa) Schutzvorschriften
        der EU S. 76

bb) VO (EWG) Nr. 3017/79
und Empfehlung Nr. 3018/79
EGKS S. 78
b) Das Erfordernis der „Schädigung"
und die Kausalität S. 78
c) Das Verfahren S. 79
Literaturverzeichnis **S. 80**
Sachverzeichnis **S. 84**

Abkürzungsverzeichnis

a. a. O.	am angegebenen Ort
ABl	Amtsblatt
Abs.	Absatz
Art.	Artikel
Aufl.	Auflage
Bd.	Band
Dass.	Dasselbe
DB	Zeitschrift „Der Betrieb"
Ders.	Derselbe
Diss.	Dissertation
DSU	Streitbeilegungsvereinbarung
EG	Europäische Gemeinschaft
EGKS	Europäische Gemeinschaft für Kohle und Stahl
EGKSV	Vertrag über die Europäische Gemeinschaft für Kohle und Stahl
EGV	Vertrag über die Europäische Gemeinschaft
EU	Europäische Union
EuGH	Europäischer Gerichtshof
EWG	Europäische Wirtschaftsgemeinschaft
EWGV	EWG-Vertrag
f	folgende
ff	fortfolgende
Fn	Fußnote
FS	Festschrift
GATS	General Agreement on Trade in Services (Allgemeines Abkommen über den Handel mit Dienstleistungen)
GATT	General Agreement on Tariffs and Trade (Allgemeines Zoll- und Handelsabkommen)
h. M.	herrschende Meinung
Hrsg.	Herausgeber
ICC	International Chamber of Commerce (Internationale Handelskammer)
i. S. v.	im Sinne von

JA	Zeitschrift „Juristische Arbeitsblätter"
JWT	Zeitschrift „Journal of World Trade"
JWTL	Zeitschrift „Journal of World Trade Law"
lit.	litera(e) (Buchstabe(n))
Minn.	Minnesota
RabelsZ	Rabelszeitschrift
RIW	Zeitschrift „Recht der Internationalen Wirtschaft"
Rs.	Rechtssache
s.	siehe
S.	Seite
SCM	Agreement on Subsidies and Countervailing Measures (Übereinkommen über Subventionen und Ausgleichsmaßnahmen)
Slg.	Sammlung
s. o.	siehe oben
sog.	sogenannt
TRIPS	Trade-Related Aspects of Intellectual Property Rights (Handelsbezogene Aspekte der Rechte an geistigem Eigentum)
US	United States (Vereinigte Staaten)
vgl.	vergleiche
VO	Verordnung
Vol.	Volume (Band)
WTO	World Trade Organization (Welthandelsorganisation)
zus.	zusammen

Einleitung

Die WTO, ihre Ziele und Prinzipien

Die *World Trade Organization* (WTO) wurde am 15. April 1994 in Marrakesch (Marokko) gegründet und trat am 1. Januar 1995 in Kraft. Sie entstand sozusagen als „Produkt" der achten Zollrunde (sogenannte Uruguay-Runde, weil in *Punta del Este* verhandelt) im Rahmen des *General Agreement on Tariffs and Trade* (GATT).

Die beiden Hauptziele der WTO bestehen zum einen in einem möglichst weitgehenden Abbau von Handelshemmnissen, welche die angestrebte Liberalisierung des Handels unter den Mitgliedstaaten erschweren, und zum anderen darin, darauf hinzuwirken, dass eventuelle Handelsstreitigkeiten zwischen diesen Staaten durch Schlichtung gemäß den diesbezüglichen WTO-Regeln beigelegt werden. Weitere wichtige Grundregeln sind die Prinzipien der Nichtdiskriminierung (unterteilt in die Grundsätze der Meistbegünstigung und der Inländergleichbehandlung) sowie der Reziprozität.

Das Meistbegünstigungsprinzip besagt, dass alle einem bestimmten Vertragspartner gewährten Handelsvorteile auch allen anderen Vertragspartnern eingeräumt werden müssen. Inländergleichbehandlung bedeutet, dass ausländische Erzeugnisse gegenüber inländischen Produkten nicht benachteiligt werden dürfen. Der Reziprozitätsgrundsatz verlangt von den Vertragsstaaten, dass diese sich untereinander gleichwertige Handelsbegünstigungen gewähren.

Die WTO als Dachorganisation dreier Vertragswerke

Um die genannten Ziele wirksam realisieren zu können, vereint die WTO unter ihrem Dach drei eigenständige multilaterale Vertragswerke, nämlich erstens das bereits erwähnte GATT, zweitens das *General Agreement on Trade in Services* (GATS) und drittens die *Trade-Related Aspects of Intellectual Property Rights* (TRIPS). Alle drei Vertragswerke unterliegen den oben dargelegten Zielen, Prinzipien und Grundsätzen der WTO.

Während das GATT als das älteste und bedeutendste Vertragswerk der WTO schon seit dem Jahr 1947 besteht - es wurde seitdem in insgesamt sieben der „Uruguay-Runde" vorangehenden Zollrunden immer wieder verhandelt -, sind die beiden anderen Regelwerke, GATS und TRIPS, ebenso wie die übergeordnete WTO selbst, das Ergebnis der „Uruguay-Runde". Sie traten beide zusammen mit der WTO am 1. Januar 1995 in Kraft.

Das GATS-Abkommen

Das GATS-Abkommen trägt – worauf schon sein Name hindeutet – dem Umstand Rechnung, dass der Dienstleistungsbereich im Geschäftsverkehr der Industrienationen zunehmend an Bedeutung gewinnt. Es seien hier insbesondere der Tourismus, der Bankensektor, Versicherungskonzerne und Beratungsgesellschaften genannt. Ein schwerwiegendes Handelshemmnis im Dienstleistungsbereich ist z. B. darin zu sehen, dass berufliche Qualifikationen, die in einem Mitgliedsland erworben wurden, in anderen Mitgliedsländern nicht oder nicht angemessen anerkannt werden. Des Weiteren ergeben sich Schwierigkeiten durch die Unterschiede in den sozialen Sicherungssystemen der Staaten. Die Aufgabe, grenzüberschreitende Dienstleistungen zu ermöglichen, stellt generell große Anforderungen an die Präsenz und die ungehinderte Kommunikation von Personen und ist mit entsprechenden grenzüberschreitenden Investitionen verbunden. Um den internationalen Handel mit Dienstleistungen nach dem Vorbild des – im GATT geregelten – *Waren*handels zu liberalisieren, müssen also die Märkte der Mitgliedsstaaten für den Handel mit Dienstleistungen geöffnet werden.

Das GATS-Abkommen erstreckt sich grundsätzlich auf Dienstleistungen aller Art. Einzige Ausnahme sind solche, die „in Ausübung hoheitlicher Gewalt", d. h. nichtkommerziell und unter Ausschluss von Wettbewerb, erbracht werden (Beispiel: Polizeidienste).

Das TRIPS-Abkommen

Das TRIPS-Abkommen trägt der wachsenden Bedeutung von Immaterialgüterrechten, wie Patenten, Marken, Design- und Urheberrechten, am grenzüberschreitenden Geschäftsverkehr Rechnung. Zunehmend wurde deutlich, dass der wirtschaftliche Erfolg von vielen Staaten weniger vom materiellen Wert ihrer Erzeugnisse als vielmehr von den diesen zugrundeliegenden geistigen Leistungen, dem sogenannten geistigen Kapital, bestimmt wird. TRIPS hat sich deshalb die Aufgabe gestellt, dieses „geistige Kapital" als geistiges Eigentum durch ein entsprechendes Regelwerk international angemessen zu schützen. Insbesondere soll hierdurch auch der Transfer von Know-how, welcher jahrzehntelang durch Nachahmungen (sogenannte Produkt- bzw. Markenpiraterie) gehemmt wurde, erleichtert werden.

Von der Verbindlichkeit des TRIPS-Abkommens profitieren vornehmlich diejenigen Länder, denen es bislang an ausreichenden gesetzlichen Vorschriften über einen wirksamen Schutz geistigen Eigentums mangelte.

Das GATT-Abkommen

Für das Vertragswerk des GATT ist heute die Fassung von 1994 (im Folgenden „GATT 1994" genannt) maßgebend. Allerdings fußt diese nach wie vor sehr weitgehend auf der Fassung von 1947 (GATT 1947). Darüber hinaus enthält GATT 1994 mehrere Protokolle, Entscheidungen und Beschlüsse der Mitgliedstaaten, ferner sechs Vereinbarungen, die der Auslegung von GATT-Normen dienen sollen.

Wie die übergeordnete Dachorganisation WTO, so hat es sich auch GATT 1994 (wie bereits GATT 1947) zur Aufgabe gemacht, den Welthandel auf der Grundlage marktwirtschaftlicher Prinzipien zu liberalisieren. Im Zuge dieses ehrgeizigen Ziels sollen Handelshindernisse, wenn auch nicht vollkommen abgeschafft, so doch nach Möglichkeit eingeschränkt werden. Entsprechend gilt es, protektionistische Behinderungen des weltweiten Wettbewerbs abzubauen. Diese Grundlagen des GATT 1994 lassen sich schon recht detailliert seiner Präambel entnehmen, in der es heißt: *„... in dem Wunsch, zur Verwirklichung dieser Ziele durch den Abschluss von Vereinbarungen beizutragen, die auf der Grundlage der Gegenseitigkeit und zum gemeinsamen Nutzen auf einen wesentlichen Abbau der Zölle und anderer Handelsschranken sowie die Beseitigung der Diskriminierung im internationalen Handel abzielen ..."*

Im Einzelnen beinhalten die genannten Grundprinzipien insbesondere ein Verbot der Diskriminierung einzelner Vertragsstaaten, ferner eine Meistbegünstigungsklausel (*Most-favoured Nation Clause,* MFN) sowie den Grundsatz der Reziprozität, d. h. die Gegenseitigkeit und Gleichwertigkeit von Zugeständnissen der einzelnen Vertragsstaaten untereinander.

Das (bereits in der Präambel angesprochene) Diskriminierungsverbot ist zum einen verknüpft mit dem generellen Meistbegünstigungsgrundsatz nach Art. I GATT 1994, der besagt, dass eine Ungleichbehandlung von gleichartigen Erzeugnissen aus verschiedenen Mitgliedsländern untersagt ist. Des Weiteren umfasst das Diskriminierungsverbot das Prinzip der Inländergleichbehandlung nach Art. III GATT 1994, der eine ungleiche Behandlung von inländischen und ausländischen Waren verbietet.

Vom Reziprozitätsgrundsatz sind allerdings gemäß Art. XXVI Abs. 8 GATT 1994 Entwicklungsländer ausgenommen. Von diesen werden keine Zugeständnisse verlangt, sofern sie mit den besonderen Bedürfnissen dieser Mitgliedstaaten nicht vereinbar sind.

Die bereits erwähnte Meistbegünstigungsklausel hat, wie gesagt, ihre Grundlage in Art. I GATT 1994. Sie besagt in der Praxis, dass Handelsbegünstigungen (z. B. Zollnachlässe etc.), die ein Mitgliedstaat einem anderen Mitgliedstaat zukommen lässt, in gleicher Weise allen anderen Mitgliedstaaten gewährt werden müssen, die mit dem die Vorteile gewährenden Land in Handelsbeziehungen stehen. Hierdurch sollen gleiche Wettbewerbsbedingungen für alle Mitglieder der WTO erreicht werden. Die Anwendbarkeit von Art. I GATT 1994 setzt allerdings voraus, dass es sich bei den betroffenen Produkten der Vertragsstaaten um „gleichartige" Waren handelt.

Ergänzt wird die Meistbegünstigungsklausel des Art. I durch die Vorschrift des Art. XIII Abs. 1 GATT 1994, wonach Importe und Exporte im Handel der Mitgliedstaaten mengenmäßigen Beschränkungen (nur) dann unterworfen werden, wenn diese auch für den Handel mit dritten Ländern gelten. (Ausnahmen hiervon sind in Art. XIV GATT 1994 geregelt.)

Was den ebenfalls bereits oben erläuterten, in Art. III GATT 1994 kodifizierten Grundsatz der Inländergleichbehandlung anbelangt, so stellt dieser – neben der Meistbegünstigungsklausel – eine weitere wesentliche Verkörperung des dem GATT-Abkommen zugrundegelegten generellen Diskriminierungsverbots dar.

Neben den im Vorstehenden dargelegten Kernprinzipien umfasst GATT 1994 noch weitere Grundsätze, die für den Welthandel eine nicht unerhebliche Relevanz aufweisen. Es handelt sich hierbei um ein Transparenzgebot für innerstaatliche Vorschriften, ferner um Normen zum Schutz der öffentlichen Sicherheit und Ordnung, der Gesundheit und der Umwelt sowie um die jeweilige Beachtung des Grundsatzes der Verhältnismäßigkeit.

Ohne die Bedeutung des in GATS geregelten Dienstleistungssektors und die Notwendigkeit, geistiges Eigentum durch das TRIPS-Abkommen zu schützen, schmälern zu wollen, kommt man nicht an der Feststellung vorbei, dass die den Liberalisierungsbemühungen der WTO am stärksten entgegenstehenden Handelshemmnisse nach wie vor die Zölle sind. Der äußerst schwierigen Aufgabe, die Zollsätze sukzessive zu senken, widmet sich das GATT. Die seit 1947 im Rahmen des GATT regelmäßig durchgeführten Verhandlungsrunden zur Verbesserung des Regelwerks wurden deshalb als „Zollrunden" bezeichnet.

Von den Zöllen unterscheidet man die sogenannten nichttarifären Handelshemmnisse. Als die gewichtigsten hiervon sind Dumping und Subventionen anzusehen. Auch diese sind Gegenstand des GATT-Regelwerks. Das GATT ist somit nicht nur das älteste, sozusagen klassische, sondern nach wie vor auch das wichtigste Vertragswerk unter dem Dach der WTO.

Ein weiteres Handelsabkommen im Rahmen der WTO wurde am 7. Dezember 2013 von Repräsentanten der 160 Mitgliedsstaaten unterzeichnet. Vor einem Inkrafttreten bedarf es jedoch der noch ausstehenden Ratifizierung durch mindestens zwei Drittel der jeweiligen Parlamente.

Die „Zollrunden" des GATT

Um den anspruchsvollen Zielen der WTO und damit auch des GATT, insbesondere einem wesentlichen Abbau der Zölle und anderer Handelsschranken,[1] möglichst nahezukommen, haben in seinem Rahmen multilaterale Verhandlungen, sogenannte Zollrunden, stattgefunden.[2] Eine dieser Verhandlungen, die sogenannte Kennedy-Runde (1964 – 67), erbrachte für Industriegüter bereits eine Zollreduzierung von 35%. In der darauf folgenden „Tokio-Runde" (1973 – 79, voll wirksam zum 1.1.1987) konnten diese Zölle nochmals um durchschnittlich 34% gesenkt werden.[3]

Infolge der erreichten Zollsenkungen gewannen allerdings andere Handelsschranken, namentlich die sogenannten nichttarifären Handelshemmnisse, insgesamt etwa 800 an der Zahl,[4] spürbar an Gewicht. Von diesen sind – neben mengenmäßigen Beschränkungen – vornehmlich Dumping und Subventionen als besonders bedeutsam zu nennen.

Weitere Verbesserungen des bis dato Erreichten brachte die achte Zollrunde (sogenannte Uruguay-Runde).

---

[1] Vgl. GATT 1947, Präambel
[2] Vgl. hierzu nur: *Molsberger, J.*, Allgemeines Zoll- und Handelsabkommen, in: Staatslexikon, 7. Aufl., Bd.1, 1985, S. 107 (109)
[3] Ebenda
[4] *Hailbronner, K., Bierwagen, R. M.,* Das GATT - Die Magna Charta des Welthandels, JA 1988, S. 318 (321)

Rechtsgrundlagen der Subventionsregelung

<u>Gliederung</u>
1. Das GATT-Abkommen von 1994
2. Die Regelung von Subventionen im Einzelnen
   a) Der Grundsatz „Tariffs only"
   b) Art. XVI GATT
   c) Art. VI GATT

1. Das GATT-Abkommen von 1994

Vertragliche Grundlage für die Regelung nicht nur von Zöllen, sondern auch von „nichttarifären" Handelshemmnissen, als deren gewichtigste – neben dem Dumping – die Subventionen anzusehen sind, ist das GATT-Abkommen von 1994. Dieses ist das Ergebnis des in der Uruguay-Runde überarbeiteten GATT-Abkommens von 1947 und muss deshalb im Zusammenhang mit Letzterem gelesen und angewendet werden. Das ergibt sich bereits aus GATT 1994 Nr. 1 lit. a), wonach GATT 1994 – u. a. – aus den Bestimmungen des allgemeinen Zoll- und Handelsabkommens vom 30. Oktober 1947 (GATT 1947) besteht.

Unter lit. b) von GATT 1994 Nr.1 sind detailliert die weitere Bestandteile von GATT 1994 bildenden Rechtsinstrumente aufgeführt, die aufgrund des GATT 1947 vor dem Inkrafttreten des WTO-Abkommens wirksam geworden sind.

Regeln für die rechtliche Handhabung von Subventionen sind in den Artikeln XVI und VI GATT 1947 und – indirekt – in Art. XI GATT 1947 kodifiziert. Zusammenfassend ergibt sich aus dem Text von GATT 1994, dass diese einschlägigen Vorschriften durch die speziellen Beschlüsse, Auslegungsvereinbarungen und Erläuterungen des GATT 1994 keinen Änderungen unterworfen wurden.

Nachdem somit GATT 1994 und GATT 1947 zwar nicht rechtlich, jedoch faktisch inhaltlich identisch sind, da sich GATT 1994 sehr weitgehend die bisherigen Vorschriften des GATT 1947 zu eigen gemacht hat, sollte, wenn es sich um einschlägige Normen von GATT 1994 handelt, folgerichtig von „GATT 1947/94" gesprochen werden. Der Einfachheit halber soll aber im Folgenden jeweils nur von „GATT" die Rede sein, wenn „GATT 1947/94" gemeint ist.

Bei den Artikeln VI und XVI GATT handelt es sich, was Subventionen anbelangt, um die grundlegenden Normen des GATT. Während Art. XVI GATT Subventionen im Allgemeinen zum Gegenstand hat, befasst sich Art. VI GATT mit der Zulässigkeit von Ausgleichszöllen, die als „Gegenmittel" gegen Subventionen unter bestimmten Voraussetzungen erhoben werden dürfen. (Nähere Einzelheiten hierzu werden in den folgenden Abschnitten behandelt.)

Da die in den beiden genannten für Subventionen grundlegenden GATT-Artikeln enthaltenen Vorschriften von den Vertragsstaaten als unzureichend und damit unbefriedigend empfunden wurden, vereinbarte man im Zuge der „Zollrunden" zwei ergänzende Zusatzabkommen. Das erste hiervon, in der sog. Tokyo-Runde (1979) ausgehandelt, ist das „Übereinkommen zur Auslegung und Anwendung der Artikel VI, XVI und XXIII des Allgemeinen Zoll- und Handelsabkommens vom 12. April 1979", kurz „Subventionskodex 79" genannt. Das zweite Zusatzabkommen ist ein wesentliches Ergebnis der sog. Uruguay-Runde (abgeschlossen 1994) und wird „Übereinkommen über Subventionen und Ausgleichsmaßnahmen", kurz „Subventionskodex 94", betitelt. (Näheres hierzu siehe Kapitel „Subventionskodex".)

2. Die Regelung von Subventionen im Einzelnen

a) Der Grundsatz „Tariffs only"

Grundsätzlich haben sich allerdings die Vertragsparteien in Art. XI GATT verpflichtet, zur Handelssteuerung nur Zölle einzusetzen,[5] weil dieses Instrumentarium transparenter ist und sich leichter beherrschen lässt als nichttarifäre Handelshemmnisse, zu denen Subventionen gehören. Allerdings handelt es sich bei der Forderung „Tariffs only" nur um einen Grundsatz, gegen den vielfältige Ausnahmeregelungen,[6] durch die das GATT ja insgesamt gekennzeichnet ist, zulässig sind.

b) Art. XVI GATT

Eine derartige Ausnahmeregelung bezüglich der Subventionen stellt Art. XVI GATT dar. Er kodifiziert die Regeln für die Subventionierung als solche. So enthält Abschnitt A des Art. XVI eine Notifikationspflicht für die Einführung von Subventionen und eine Konsultationspflicht. Die Erfüllung dieser Pflichten hatte sich aber leider im Laufe der Jahre zu einer mehr oder weniger bedeutungslosen Routineübung entwickelt.[7] Abschnitt B von Art. XVI weist auf die schädlichen Wirkungen von Exportsubventionen hin (Abs. 2) und regt – die Bestimmungen des Abschnitts A präzisierend – an, die Gewährung von

---

[5] Sog. *Tariffs only* Maxime; vgl. *Hailbronner/Bierwagen,* a.a.O. (Fn 4), S. 321

[6] Ausführlich hierzu: *Baldwin, R. E.,* Nontariff Distortions of International Trade, Washington D.C., 1970; ferner: *Quambusch, L.,* Nicht-tarifäre Handelshemmnisse; ein Beitrag zu ihrer Systematisierung, Anwendung und Beseitigung, Köln, Institut für Wirtschaftspolitik an der Universität zu Köln, 1976

[7] *Müller, H.-J.,* GATT-Rechtssystem nach der Tokio-Runde, Berlin 1986, S. 181

Subventionen bei der Ausfuhr von Grundstoffen (Erzeugnisse der Land- und Forstwirtschaft, der Fischerei sowie Mineralien) zu vermeiden (Abs. 3 Satz 1). Werden – zulässigerweise – dennoch Exportsubventionen auf Grundstoffe gewährt, so dürfen diese gem. Abs. 3 Satz 2 nicht dazu führen, dass der Vertragsstaat „mehr als einen angemessenen Anteil am Weltmarkt mit diesem Erzeugnis erhält."

Wenn auch die (1957 in Kraft getretene) Ergänzung von Art. XVI durch die Absätze 2 bis 5 (Abschnitt B) einigermaßen gelungen sein mag, die Exportsubventionen also insgesamt in Grenzen gehalten wurden, so erfasst die Bestimmung nach wie vor viele Subventionsvarianten nicht. Vornehmlich sei hier das Beispiel der *indirekten* Exportsubventionen[8] erwähnt.

c) Art. VI GATT

Diese Vorschrift hat – zulässige – Abwehrmaßnahmen gegen Subventionen (allerdings auch gegen Dumping) zum Gegenstand. Während gegen Dumping Antidumpingzölle[9] eingesetzt werden, Art. VI Abs. 2, sind als Abwehrmaßnahmen gegen Subventionen (oder Prämien) sogenannte Ausgleichszölle[10] vorgesehen, Art. VI Abs. 3, d. h. Sonderzölle, die erhoben werden, „um jede mittelbar oder unmittelbar für die Herstellung, Gewinnung oder Ausfuhr einer Ware gewährte Prämie oder Subvention unwirksam zu machen", so Satz 2 der in Rede stehenden Vorschrift.

---

[8] Beispiel: Gewährung günstiger Exportkredite mit langen Rückzahlungsfristen und extrem niedrigen Zinssätzen
[9] Diese werden angewendet, wenn die Preisdifferenz privatrechtlich bedingt ist; vgl. *Bratschi, P.,* Allgemeines Zoll- und Handelsabkommen (GATT), Zürich 1973, S. 37
[10] Dieses Gegenmittel ist für den Fall vorgesehen, dass die fremde Subvention auf öffentlich-rechtlichen Maßnahmen beruht; vgl. *Bratschi,* a.a.O. (Fn 9), S. 38

Begriffsbestimmung der Subvention

Gliederung
1. Abgrenzung gegenüber Dumping
   a) Definition von Dumping
   b) Die Subvention als Mittel staatlicher Wirtschaftspolitik
2. Definition der Subvention in Art. VI GATT

1. Abgrenzung gegenüber Dumping

a) Definition von Dumping

Dumping ist gemäß Art. VI Abs. 1 GATT definiert als „das Verbringen von Waren eines Landes auf den Markt eines anderen Landes unter ihrem normalen Wert" und stellt mithin eine „Preisdiskriminierung zwischen nationalen Märkten" dar.[11]

b) Die Subvention als ein Mittel staatlicher Wirtschaftspolitik

Schwieriger gestaltet sich dagegen die Definition des Begriffs der Subvention, weil es sich auch hier - wie beim Dumping – um eine Form der Preisunterbietung handelt. Ein wesentlicher Unterschied zum Dumping, das vornehmlich von Seiten der Unternehmer angewandt wird,[12] besteht jedoch darin, dass die Subventionierung (in aller Regel) eine Maßnahme staatlicher Wirtschaftspolitik ist.[13] Hieraus lässt sich ableiten, dass unter „Subventionen" Maßnahmen staatlicher Wirtschaftspolitik, die auf

---

[11] So: *Beseler, J.-F.*, Die Abwehr von Dumping und Subventionen durch die Europäischen Gemeinschaften, Baden-Baden 1980, S. 41
[12] Vgl. *Müller, H.-J.*, a. a. O. (Fn 7), S. 180
[13] *Kelkar, V.*, GATT, Export Subsidies and Developing Countries, JWTL 1980, S. 368

Preisunterbietung abzielen, zu verstehen sind. Allerdings gelten nach hergebrachtem US-Recht auch private Vergünstigungen, etwa durch Unternehmen, Banken und Verbände, als „Subvention".[14]

Sowohl der *Trade Act* von 1974[15] als auch der *Trade Agreements Act* von 1979[16] behielten diese Auffassung bei, wohl um die Tätigkeit privater Kompensationskassen als Subvention bekämpfen zu können.[17] Jedenfalls setzen Subventionen immer eine Zuwendung, Bevorteilung oder Vergünstigung voraus, wobei die Art und Weise dieser Maßnahmen unerheblich ist. So kommen namentlich infrage: finanzielle Zuschüsse, Zinserleichterungen, Übernahme von Bürgschaften, Bevorteilungen auf steuerlichem Gebiet und anderes mehr.[18] Die Begünstigung kann direkt[19] oder indirekt[20] erfolgen.

2. Definition der Subvention in Art. VI GATT

Art. VI Abs. 3 GATT spricht von „Prämien oder Subventionen, die im Ursprungs- oder Ausfuhrland mittelbar oder unmittelbar für die Herstellung, Gewinnung oder Ausfuhr einer Ware gewährt werden, einschließlich jeder besonderen, für die Beförderung einer bestimmten Ware gewährten Subvention."

Man hatte sich mit dieser Umschreibung des Subventionsbegriffs zunächst nicht zufrieden gegeben. Selbst den mit der Ausarbeitung des GATT-

---

[14] Vgl. Abschnitt 303 des *US Tariff Act* von 1930
[15] a. a. O. (Fn 14), Abschnitt 331
[16] a. a. O. (Fn 14), Abschnitt 101
[17] So bereits: *Viner, J.*, Memorandum on Dumping, Genf 1926, S. 364
[18] *Beseler*, a. a. O. (Fn 11), S. 76
[19] Beispiele: Zuteilung direkter Beihilfen; Befreiung von Steuern und Sozialabgaben
[20] Beispiel: Staatliche Beihilfe für Kraftwerke, die sich verpflichten, Steinkohle zu verbrauchen = indirekte Subventionierung des Steinkohlebergbaus

Sachverständigenberichts von 1961 beauftragten Experten war es nicht gelungen, sich über den Sinn des Begriffs „Subvention" zu einigen.[21] Eine gewisse Schwierigkeit besteht im Übrigen darin, dass es oft nur schwer oder gar nicht möglich ist, zwischen Subventionen, die zur Realisierung wirtschaftlicher und sozialer Programme dienen, und solchen zu unterscheiden, die – mittel- oder unmittelbar, beabsichtigt oder unbeabsichtigt – den internationalen Handel beeinträchtigen.[22] Andererseits dürfte es nicht unbeträchtliche Schwierigkeiten bereiten, eine verlässliche Grenze zwischen vernünftiger Regierungspolitik und dem unlauteren Versuch zu ziehen, eigene Wirtschaftsprobleme auf dem Wege des Exports auf andere Länder zu verlagern.[23]

---

[21] *Les droits antidumping et les droits compensateurs, Rapport du Groupe d' Experts, GATT, Genève 1961*, S. 20
[22] *Müller, H.-J.*, a. a. O. (Fn 7), S. 181
[23] So jedenfalls: *Jackson, J. H.*, World Trade and the Law of the GATT, Indianapolis 1969, S. 367

Volkswirtschaftliche Folgen von Subventionen

Gliederung
1. Vorteile
2. Nachteile
3. Unterschiedliche Subventionsarten

1. Vorteile

Wie im Vorstehenden dargelegt, sind Subventionen (in der Regel staatliche) protektionistische Eingriffe zur (einseitigen) Förderung der inländischen Wirtschaft. Für die *inländische* Wirtschaft sind die Folgen von Subventionen naturgemäß positiv.

2. Nachteile

Anders sieht die Sache freilich vom ausländischen Standpunkt betrachtet aus: Stützungsmaßnahmen, wie sie Subventionen ja darstellen, müssen zwangsläufig nachteilige Auswirkungen auf die Volkswirtschaften betroffener ausländischer Staaten haben. Die Frage ist außerdem, inwieweit durch Subventionen der Welthandel insgesamt beeinträchtigt wird.

3. Unterschiedliche Subventionsarten

Um die Wirkungsweise sowie die Vor- und Nachteile von Subventionen besser einschätzen zu können, empfiehlt es sich, hier zwei Grundtypen zu unterscheiden, nämlich zum einen Exportsubventionen und zum anderen Produktionssubventionen.[24]

---

[24] *Jackson, J. H.*, Legal Problems of International Economic Relations, Cases, Materials and Texts, St. Paul, Minn. 1977, S. 754

Exportsubventionen

Gliederung
1. Definition
2. Vorteile für den Hersteller
3. Nachteile für den Verbraucher
4. Tendenz

1. Definition

Eine Exportsubvention ist dann gegeben, wenn die Zuwendung an eine Industrie von vornherein nur für solche Produkte gewährt wird, die für den Export bestimmt sind. Durch diesen Subventionstypus wird eine Warenausfuhr zu Preisen ermöglicht, die unter denen gleichartiger Inlandserzeugnisse liegen.[25] Die Exportsubvention führt also zu einem *„bilevel pricing"*.[26]

2. Vorteile für den Hersteller

Die Exportsubvention bedeutet für das Herstellerunternehmen einen beträchtlichen Anreiz zu exportieren. Das Unternehmen erhält die Subvention ja nur für Exportprodukte. Daher sind Exportsubventionen (eher als Produktionssubventionen) allgemein geeignet, den internationalen Handel zu beeinträchtigen.[27] Aus US-amerikanischer Sicht werden Exportsubventionen generell als „unfair" betrachtet, es sei denn, sie haben weder Unrecht noch Schaden (für andere Volkswirtschaften) zur Folge.[28]

---

[25] Vgl. Art. XVI Abs. 4 GATT
[26] *Jackson*, a. a. O. (Fn 24)
[27] *Beseler,* a. a. O. (Fn 11), S. 79
[28] *Jackson*, a. a. O. (Fn 24), S. 755

3. Nachteile für den Verbraucher

Der Anreiz für den Hersteller, seine Waren vorrangig zu exportieren, bedeutet zugleich eine Verknappung und Verteuerung der betreffenden Produkte für den inländischen Verbraucher.

4. Tendenz

In der Praxis nahmen die staatlichen Ausfuhrunterstützungen ständig zu und die Exportsubventionen entwickelten sich so zu einem der wichtigsten protektionistischen Mittel. Nach Einschätzung der Generaldirektion des GATT wird der Welthandel in einigen Bereichen, z. B. dem Schiffbau, inzwischen weniger von normalen Marktkräften als vielmehr durch miteinander konkurrierende Exportsubventionen der verschiedenen Staaten bestimmt.[29]

---

[29] Vgl. The Tokyo Round of Multilateral Trade Negotiations, Report by the Director-General of GATT, Genf 1989, S. 53

Produktionssubventionen

<u>Gliederung</u>
1. Begriffsbestimmung
   a) Allgemeine Definition
   b) International verbindliche Definition?
   c) Definition nach *Lehmann*
2. Differenzierung Produktionssubvention - Exportsubvention
3. Vorteile der Produktionssubvention für inländische Hersteller und Verbraucher
   a) Preisvorteile
   b) Schonender Einfluss auf den Welthandel

1. Begriffsbestimmung

a) Allgemeine Definition

Als Produktionssubvention im weiten Sinne ist eine Zuwendung, Vorteilsgewährung oder anderweitige Vergünstigung an eine Industrie oder auch an einzelne Industrieunternehmen zu verstehen, mit dem Ziel, die Herstellung eines oder bestimmter Produkte zu fördern. Hierbei ist es irrelevant, ob das jeweilige Erzeugnis in den Export gelangt oder nur im Erzeugerland vertrieben wird.[30]

Da in der Praxis Produktionssubventionen (wie auch Exportsubventionen) im Allgemeinen von *staatlicher* Seite gewährt werden, kann man des Weiteren sagen, dass – im Gegensatz zum Dumping, das vornehmlich von Seiten der Unternehmer angewandt wird,[31] - Produktionssubventionen (wie auch Subventionen generell) eine Maßnahme *staatlicher* Wirtschaftspolitik sind, die auf Preisunterbietung bei auf dem Markt miteinander konkurrierenden Produkten

---

[30] *Müller*, a. a. O. (Fn 7), S. 180
[31] Abschnitt 303 des *US Tariff Act* von 1930

abzielt. Diese Definition entspricht zwar europäischem, nicht aber internationalem Verständnis.

b) International verbindliche Definition?

Eine international gültige und anerkannte Definition der Subventionsart Produktionssubvention ist wünschenswert, nicht nur, um eine klare Abgrenzung zu einer anderen wesentlichen Form der Preisunterbietung, nämlich dem Dumping, zu ermöglichen, sondern insbesondere auch deshalb, weil eine Definition, die sich auf Förderungsmaßnahmen *staatlicher* Wirtschaftspolitik beschränkt, dem US-amerikanischen Verständnis nicht gerecht würde. Denn nach US-Recht gelten auch *private* Vergünstigungen, z. B. durch Unternehmen, Banken und Verbände, als „Subvention" (*Subsidy*).

Art. VI Abs. 3 GATT liefert eine eher vage Umschreibung des Begriffs „Subvention" (unter Einschluss der Produktionssubvention), wonach es sich hierbei um „Prämien oder Subventionen" handele, „die im Ursprungs- oder Ausfuhrland mittelbar oder unmittelbar für die Herstellung, Gewinnung oder Ausfuhr einer Ware gewährt wird, einschließlich jeder besonderen, für die Beförderung einer bestimmten Ware gewährten Subvention."

c) Definition nach *Lehmann*

Nach Auffassung von *Christoph Lehmann* „... versteht das Gesetz unter Produktionssubvention eine Maßnahme von Seiten einer Regierung oder seitens einer Privatperson, die die Wettbewerbsbedingungen im internationalen Handel verfälscht und die sich insbesondere aus der Sicht des Empfängers als eine Zuwendung darstellt, durch die der Empfänger sowohl gegenüber anderen Unternehmen in seinem Heimatland bevorzugt wurde als auch unter Berücksichtigung des Verwendungszwecks der Zuwendung einen wirtschaftlichen Vorteil erlangt hat."[32]

2. Differenzierung: Produktionssubvention - Exportsubvention

Die Produktionssubvention stellt einen Grundtypus der Subvention dar. Hiervon wird ein zweiter Subventionsgrundtypus unterschieden, die Exportsubvention. Diese ist dann gegeben, wenn Zuwendungen an die Bedingung geknüpft werden, dass die in ihrer Herstellung geförderten Produkte ausschließlich in den Export gehen. Nach dem eingangs Gesagten schließt allerdings die Produktionssubvention begrifflich die Exportsubvention mit ein, bildet also den Oberbegriff der beiden in Rede stehenden Subventionsarten.

Das Gemeinsame von Produktionssubvention und Exportsubvention liegt darin, dass sie beide eine Vorteilszuwendung an das betreffende Unternehmen bzw. die betreffende Industrie voraussetzen, wobei die Art der Vorteilszuwendung im Detail keine Rolle spielt. So können in beiden Fällen direkte oder indirekte Begünstigungen (in der Regel) von staatlicher Seite gewährt werden[33] (siehe oben, Kapitel „Begriffsbestimmung der Subvention.")

---

[32] *Lehmann, Ch.,* Produktionssubventionen im Ausgleichszollrecht: Umsetzung des GATT-Subventionskodex in den USA und den Europäischen Gemeinschaften, Berlin 1990, Schriften zum Internationalen Recht, Bd. 51 (zugleich Diss. 1988), S. 107
[33] *Jackson,* a. a. O. (Fn 24)

3. Vorteile der Produktionssubvention für inländische Hersteller und Verbraucher

a) Preisvorteile

Produktionssubventionen haben im Wesentlichen den Effekt eines Zolls auf entsprechende Importware. Sie ermöglichen es dem Produkt der Inlandsindustrie, obwohl diese teurer produziert, den Konkurrenzkampf mit dem - eigentlich billigeren – Importerzeugnis zu gewinnen. Ein solcher für die Inlandsindustrie vorteilhafter Effekt könnte an sich auch durch einen entsprechenden Zoll auf die Importware erreicht werden. Jedoch würde ein Zoll (anstelle einer Produktionssubvention) für den inländischen Verbraucher eine Verteuerung nicht nur des Importprodukts, sondern auch des entsprechenden heimischen (unsubventionierten) Erzeugnisses bedeuten. Durch die Produktionssubvention ergibt sich dagegen eine für den Verbraucher vorteilhafte Verringerung des Preisniveaus der betreffenden miteinander konkurrierenden Produkte.

b) Schonender Einfluss auf den Welthandel

Einen weiteren Vorteil hat die Produktionssubvention gegenüber der („reinen") Exportsubvention: Da die Exportsubvention ja nur für exportbestimmte Produkte gewährt wird, bildet sie für das inländische Herstellerunternehmen einen großen Anreiz, seine Waren vorrangig zu exportieren, was – global betrachtet – den Handel negativ beeinflusst.

Exportsubventionen bedeuten also eine Beeinträchtigung des internationalen Handels. Zugleich folgt hieraus aber auch eine Verknappung und Verteuerung der betreffenden Ware für den inländischen Verbraucher. Beide Nachteile sind bei Produktionssubventionen – da sie ja (auch) für im Inland vertriebene Produkte gewährt werden – nicht in dem Maße gegeben.

Subventionskodex

Gliederung
I. Subventionskodex 79
1. Begriffserläuterung
2. Unzulässige Subventionen
    a) Sinn und Zweck des Subventionskodex 79
    b) Exportsubventionen für Grundstoffe
    c) Exportsubventionen für verarbeitete und mineralische Grundstoffe
3. Abwehr unzulässiger Subventionen
    a) Transparenz der Subventionspraktiken
    b) Ermittlung einer „bedeutenden Schädigung"
    c) Das Kausalitätserfordernis

II. Subventionskodex 94
1. Integration in das WTO-Abkommen
2. Schwächen des Subventionskodex 79
3. Verbesserungsvorschläge der *International Chamber of Commerce* (ICC)
    a) Definition und Begriffsabgrenzung der „ausgleichszollfähigen Subvention"
    b) Adäquanz von Subventionen und Ausgleichszoll
    c) Transparenz von Subventionsmaßnahmen
    d) Subventionsverbote
4. Materiellrechtliche Fortschritte des Subventionskodex 94
    a) Grundsätzlicher Aufbau
    b) *Track I* (Art. 10 ff Subventionskodex 94)
    c) *Track II* (Art. 3 ff Subventionskodex 94)
    d) Bestimmung des Begriffs „Subvention"
5. Resümee

I. Subventionskodex 79

1. Begriffserläuterung

Der Subventionskodex von 1979 (kurz als „Subventionskodex 79" bezeichnet) ist eine im Zuge der sog. Tokyo-Runde, einer der regelmäßig stattfindenden „Zollrunden" des GATT, ausgehandelte Zusatzvereinbarung zu den Artikeln VI, XVI und XXIII GATT. Sie trägt den vollständigen Titel „Übereinkommen zur Auslegung und Anwendung der Artikel VI, XVI und XXIII des Allgemeinen Zoll- und Handelsabkommens." Der Subventionskodex 79 ermöglichte zum ersten Mal eine verbindliche, wenn auch nur wenig konkrete Bestimmung des Subventionsbegriffs.[34] So enthält er z. B. im Anhang eine Beispielliste für Exportsubventionen. Mithilfe dieser Kriterien war es in gewissem Maße möglich, den Subventionsbegriff von anderen nichttarifären Handelshemmnissen, z. B. dem Dumping, abzugrenzen.

2. Unzulässige Subventionen

a) Sinn und Zweck des Subventionskodex 79

Grundsätzlich war es nicht das Ziel des Subventionskodex 79, die Möglichkeit der Vertragsparteien einzuschränken, auf Produktionssubventionen zurückzugreifen. Art. 11 des Subventionskodex 79 bestimmt lediglich, dass die Mitgliedstaaten durch „heimische Subventionen" nicht inländische Wirtschaftszweige oder Interessen eines anderen Unterzeichnerstaates schädigen sollen und dass Vorteile, die einem Mitgliedstaat aus dem Subventionskodex

---

[34] Vgl. hierzu: *Schoch, F.*, Unbestimmte Rechtsbegriffe im Rahmen des GATT, Frankfurt a.M. 1994, S. 176 f; ferner: *Crocioni, P.*, Austrian Journal of Public International Law, Bd. 47 (1994), S. 52 ff

79 erwachsen, nicht zunichte gemacht oder geschmälert werden dürfen.[35]

Allerdings war die den Welthandel stärker als die „heimische" Subvention (Produktionssubvention) beeinflussende Exportsubvention wesentlicher Gegenstand umfassender und strikter Regelungen des Subventionskodex 79. Hierbei wurde unterschieden zwischen Ausfuhrsubventionen für Grundstoffe (Erzeugnisse der Land- und Forstwirtschaft sowie der Fischerei) einerseits und Ausfuhrsubventionen für verarbeitete und mineralische Erzeugnisse andererseits.

b) Exportsubventionen für Grundstoffe

Während nach Art. XVI Abs. 3 GATT die Vertragsparteien lediglich bestrebt sein sollen, Subventionen bei der Ausfuhr von Grundstoffen zu vermeiden, verpflichtete nunmehr Art. 10 Abs. 1 des Subventionskodex 79 die Unterzeichnerstaaten, Ausfuhrsubventionen für Grundstoffe nicht in einer Weise zu gewähren, dass der subventionierende Staat hinsichtlich der betreffenden Produkte mehr als einen angemessenen Anteil am Welthandel erhält. Für diesen unbestimmten Rechtsbegriff werden in Art. 10 Abs. 1 Satz 2 und Abs. 2 Subventionskodex 79 mehrere bestimmende Kriterien festgelegt.

Durch Art. 10 Abs. 3 Subventionskodex 79 wurden die Unterzeichnerstaaten verpflichtet, keine Exportsubventionen für Grundstoffe auf einem Markt zu gewähren, wenn diese Subventionen zu bedeutend niedrigeren Preisen im Vergleich zu denjenigen anderer Lieferanten auf demselben Markt führen (sog. „Doppelpreismechanismus.")

---

[35] *Adamantopoulos, K.,* Das Subventionsrecht des GATT in der EWG, (Diss. Saarbrücken), Köln, Berlin, Bonn, München 1988, S. 41 ff

c) Exportsubventionen für verarbeitete und mineralische Erzeugnisse

Diese Exportsubventionen wurden durch den Subventionskodex 79 verboten. Denn Art. 9 Abs. 1 besagt, dass „für andere Waren als bestimmte Grundstoffe keine Ausfuhrsubventionen" gewährt werden dürfen. Entscheidende Abweichungen gegenüber der bis dato geltenden Regelung des Art. XVI GATT bestanden darin, dass zum einen Mineralerzeugnisse nicht mehr als „Grundstoffe" eingestuft wurden und dass ferner die „Doppelpreisklausel" (s. o.) des Art. XVI Abs. 4 GATT abgeschafft wurde. (Diese war ohnehin wegen Kausalitätsproblemen bei der Feststellung eines auf Exportsubventionen beruhenden „Doppelpreises" kaum realisierbar.)

3. Abwehr unzulässiger Subventionen

a) Transparenz der Subventionspraktiken

Aufgabe des Subventionskodex 79 war es nicht nur, die Regeln des GATT über die Erlaubnis *zulässiger* Subventionen zu konkretisieren und damit zu verbessern. Ein ganz wesentliches Anliegen bestand vielmehr darüber hinaus darin, *unzulässige* Subventionen wirksamer als bisher möglich abzuwehren. Eine diesbezüglich wichtige Voraussetzung wird in einer größtmöglichen Transparenz bei der Subventionsgewährung gesehen. Hierfür ist Art. 7 Abs. 3 Subventionskodex 79 einschlägig, wonach die Signatarstaaten sich untereinander in Kenntnis setzen dürfen, wenn Verstöße eines Unterzeichnerstaates gegen die Notifikationspflicht des Art. XVI Abs. 1 GATT bekannt werden. Notifiziert der betreffende Staat seine Subventionspraktiken nicht binnen kürzester Frist, so können diese von jedem Unterzeichnerstaat dem Ausschuss des Subventionskodex 79 unterbreitet werden.

b) Ermittlung einer „bedeutenden Schädigung"

Die Voraussetzung des Art. VI Abs. 6 a) GATT, dass zur Einleitung von Antisubventionsmaßnahmen nicht nur eine Schädigung (des Einfuhrstaates subventionierter Erzeugnisse) als solche erforderlich ist, sondern dass die Schädigung ein *bedeutendes* Ausmaß haben muss, war von den Vertragsparteien des GATT bisher weitgehend vernachlässigt worden.[36] Der Subventionskodex 79 leistete hier wirksame Abhilfe. Er enthält erstmals international allgemein verbindliche Schadensregeln, die auch allerseits akzeptiert wurden.

Die Definition des Begriffs „Schädigung" im Subventionskodex 79 entspricht weitgehend derjenigen des Art. VI Abs. 6 a) GATT. Des Weiteren fordert Art. 2 Subventionskodex 79 die vorherige Prüfung des Schädigungstatbestandes durch eine hierfür vom Einfuhrstaat eigens einzurichtende Untersuchungsbehörde. Nur wenn diese zum Ergebnis kam, dass ein bedeutender Schädigungstatbestand vorliegt, durfte der betreffende Einfuhrstaat Ausgleichszölle zur Abwehr der Subventionen erheben.[37]

c) Das Kausalitätserfordernis

Der Untersuchungsbehörde oblag es nicht nur, das Vorliegen einer bedeutenden Schädigung zu ermitteln, sondern ebenso wichtig war auch ihre Aufgabe, zu prüfen und gegebenenfalls zu beweisen, ob bzw. dass ein Kausalzusammenhang zwischen den die Einfuhren stützenden Subventionen und der Schädigung gegeben ist. Die Signatarstaaten des Subventionskodex 79 einigten sich diesbezüglich auf die

---

[36] *Reszel, P.,* Die Feststellung der Schädigung im Antidumping- und Antisubventionsrecht der Europäischen Gemeinschaften, (Diss. Osnabrück), Köln, Berlin, Bonn, München 1987, S. 92
[37] *Adamantopoulos,* a. a. O. (Fn 35), S. 46 ff

Formel, dass für die Annahme einer „bedeutenden Schädigung" nur noch eine „Verursachung" durch die betreffenden subventionierten Einfuhren zu fordern sei. Diese neue Kausalitätsformel war von den Vertragsparteien kurz zuvor bereits im Rahmen des Antidumping-Kodex akzeptiert worden.[38]

Hervorzuheben ist in diesem Zusammenhang auch noch, dass es nach den Vorschriften des Subventionskodex 79 (wie auch nach denen des Antidumping-Kodex) nicht mehr zulässig war, andere Faktoren, die gleichzeitig den betreffenden Wirtschaftszweig schädigten, oder Schädigungen, die durch andere Faktoren verursacht wurden, den subventionierten Importen zuzurechnen.[39] Dadurch wurde eine von anderen schädigenden Faktoren abgekoppelte und damit glaubhafte Ermittlung einer durch Subventionen verursachten Schädigung gewährleistet.

II. Subventionskodex 94

1. Integration in das WTO-Abkommen

Im Zuge der sog. Uruguay-Runde wurde ein weiteres Abkommen über Subventionen angenommen, das eine Konkretisierung und Fortentwicklung des Subventionskodex 79 darstellt.[40] Es handelt sich um das „Übereinkommen über Subventionen und Ausgleichsmaßnahmen" (kurz „Subventionskodex 94" genannt). Ein in formellrechtlicher Hinsicht wesentlicher Unterschied zum Subventionskodex 79 besteht bereits darin, dass der Subventionskodex 94 nicht unmittelbar dem GATT zugeordnet, sondern gemäß Art. II Abs. 2 WTO-Abkommen in das dem GATT übergeordnete WTO-Abkommen integriert ist.

---

[38] Vgl. Art. 3 Abs. 4 des Antidumping-Kodex von 1979.
[39] Vgl. a. a. O. (Fn 38).
[40] *Rodi, M.*, Die Subventionsrechtsordnung, Tübingen 2000, S. 37

Deshalb und in Anbetracht der hohen Mitgliederzahl der WTO[41] sieht *Rodi* das GATT-Subventionsrecht als Versuch der Errichtung einer universellen Subventionsordnung.[42] Dem ist ohne Einschränkung zuzustimmen.

2. Schwächen des Subventionskodex 79

Die Ursache, dass bei den Signatarstaaten häufig Meinungsverschiedenheiten über Subventionen und Antisubventionsmaßnahmen (Ausgleichszölle) bestanden, liegt darin, dass der Subventionskodex 79 auf den Artikeln VI und XVI GATT aufbaut.

So erlaubt Art. VI GATT Ausgleichszölle, wenn subventionierte Importe die heimische Industrie „bedeutend schädigen". Art. XVI GATT verbietet bestimmte Arten von Subventionen, gestattet hingegen andere. Entsprechend befasst sich Teil I des Subventionskodex 79 mit Ausgleichszöllen, während Teil II den Subventionen im Allgemeinen gewidmet ist. Da GATT und Subventionskodex 79 weder den Subventionsbegriff als solchen noch den Begriff der „ausgleichszollfähigen Subvention" im erforderlichen Maße exakt definieren, kann es kaum verwundern, dass die Signatarstaaten eher ihr Recht einsetzten, Ausgleichszölle zu verhängen, als dass sie das in den Artikeln XXII, XIII GATT und in Teil II des Subventionskodex 79 kodifizierte internationale Streitbeilegungsverfahren wahrnahmen.[43]

Die Signatarstaaten waren wegen der fehlenden Definition einer „ausgleichszollfähigen Subvention" nicht daran gehindert, ihre nationalen Gesetze auf Praktiken zu erstrecken, die bis dato nicht als ausgleichszollfähig galten. Aus eben diesem Grunde

---

[41] Stand November 2015: 162 Mitglieder
[42] *Rodi,* a. a. O. (Fn 40), S. 116
[43] *Quick, R.,* Die Europäische Gemeinschaft und die U.S.A. zeigen sich ablehnend gegenüber multilateralen Regelungen, in: Handelsblatt vom 24.10.1988

blieb auch jedwede Gegenwehr anderer Signatarstaaten bei derartigen Gesetzesverschärfungen wirkungslos.

Da die Teil I bzw. Teil II des Subventionskodex 79 zugrundeliegenden Artikel VI bzw. XVI GATT unterschiedliche Schutzzwecke haben, war es denkbar, dass gegen eine mit dem Teil II Subventionskodex 79 vereinbare Subvention dennoch nach Teil I Subventionskodex 79 ein Ausgleichszoll verhängt werden durfte. Denn die geschädigte Industrie brauchte grundsätzlich nur Subvention und Schaden sowie die Kausalität zwischen den beiden nachzuweisen. Im Übrigen war diese Frage Gegenstand eines nationalen, nicht aber eines (wünschenswerten) internationalen Verfahrens.[44]

3. Verbesserungsvorschläge der *International Chamber of Commerce* (ICC)

a) Definition und Begriffsabgrenzung der „ausgleichszollfähigen Subvention"

Die ICC beabsichtigte keineswegs eine Neuformulierung des Subventionskodex 79. Vielmehr ging es darum, die Begriffe klarzustellen, die der Kodex bisher noch unbestimmt gelassen hatte. Damit sollte den Signatarstaaten auf der Grundlage des bestehenden Regelwerks ein Rahmen gesetzt werden, innerhalb dessen sie wirksam gegen (unzulässige) Subventionen vorgehen konnten. Wie bereits angedeutet, galt es insbesondere, eine praktikable Definition des Begriffs „ausgleichszollfähige Subvention" zu finden. Als Subvention könnte demnach etwa „jede Regierungsmaßnahme angesehen werden, die einer Industrie einen Nettovorteil verschafft, den diese bei Nichtvorhandensein der Maßnahme hätte selbst tragen müssen."[45] Als flankierende Ein-

---

[44] *Quick,* a. a. O. (Fn 43)
[45] zit. nach *Quick,* a. a. O. (Fn 43)

schränkungskriterien für die „Ausgleichszollfähigkeit" einer solcherart definierten Subvention schlägt die ICC folgende Merkmale vor:

(1) Regierungsmaßnahme: Diese muss die Produktion in irgendeiner Weise beeinflussen. Private Subventionen sollen hierdurch aus dem definierten Begriff der Subvention herausfallen.

(2) Spezifität:[46] Der Vorteil der betreffenden Regierungsmaßnahmen soll nicht der Industrie im Allgemeinen, sondern nur einem bestimmten Sektor oder Betrieb zukommen.

(3) Wettbewerbsverzerrung – Nettovorteil: Durch diese beiden im Zusammenhang miteinander stehenden Kriterien soll deutlich gemacht werden, dass Ausgleichszölle nur dann geboten sind, wenn die betreffende Subvention nicht nur ihrem Empfänger einen Vorteil einbringt, sondern sich zugleich gegenüber Konkurrenten wettbewerbsverzerrend auswirkt.

Durch die genannten Kriterien könnten auch die von einigen Staaten alternativ vorgeschlagenen exemplarischen Listen ausgleichszollfähiger Subventionen obsolet werden.

---

[46] Dieses Kriterium hat angesichts des neuen US-Handelsgesetzes besondere Bedeutung gewonnen, welches nämlich den Begriff „Spezifität" dahingehend ausweitet, dass nur nomineller, allgemeiner Nutzen einer Regierungsmaßnahme als „spezifische Subvention" gilt. Vgl. hierzu: *Quick*, a. a. O. (Fn 43).

b) Adäquanz von Subvention und Ausgleichszoll

Anliegen des ICC-Vorschlags war auch die rechnerische Ermittlung des Ausgleichszolls derart, dass dieser dem Wert der jeweiligen Subvention entspricht. Hierfür sieht der Vorschlag die Zugrundelegung marktwirtschaftlicher Kalkulationsprinzipien vor. So wird die Subvention mit einer entsprechenden privaten Investition verglichen, und der Ausgleichszoll soll demgemäß so lange erhoben werden dürfen, bis die vergleichbare Investition nach marktwirtschaftlichen Grundsätzen abgeschrieben ist.

c) Transparenz von Subventionsmaßnahmen

Angesichts der Tatsache, dass die Verpflichtung, Subventionen zu notifizieren,[47] von den Unterzeichnerstaaten in vielen Fällen ignoriert wurde, sieht das ICC-Dokument die Notwendigkeit, zur Erhöhung der internationalen Subventionsdisziplin eine größere Transparenz bei Subventionsmaßnahmen zu fordern. Es wird daher vorgeschlagen, dass jede Subvention dem GATT-Sekretariat gemeldet werden muss. Die Signatarstaaten haben dann die Möglichkeit zu prüfen, wie sich die Subvention auf sie auswirkt. Für den Fall einer Missachtung der Meldepflicht müssen geeignete Sanktionen überlegt werden.

d) Subventionsverbote

Der Subventionskodex 79 unterscheidet zwischen heimischen Subventionen einerseits und Exportsubventionen andererseits, wobei letztere noch einmal in Exportsubventionen für Agrarprodukte und solche für Industriegüter unterteilt werden. Die hierfür im Subventionskodex 79 vorgesehenen un-

---

[47] Vgl. Art. XVI a GATT.

terschiedlichen Regelungen galt es zu vereinfachen. Außerdem hatte sich gezeigt, dass die Signatarstaaten nicht imstande waren zu entscheiden, ob etwa eine Ausfuhrsubvention für Agrarprodukte zu einem „unangemessenen Anteil am Weltexporthandel" führt.

Nach den Vorstellungen der ICC sollte sich das Subventionsverbot auf alle Praktiken erstrecken, die unter die oben angegebene Definition für „ausgleichszollfähige Subventionen" fallen, zugleich die zugehörigen einschränkenden Kriterien (s. o.) erfüllen und anderen Unterzeichnerstaaten Schaden zufügen. Letzteres muss zuvor in einem ordnungsgemäßen Verfahren vor dem Subventionskomitee festgestellt worden sein.

4. Materiellrechtliche Fortschritte des Subventionskodex 94

a) Grundsätzlicher Aufbau

Grundsätzlich hat der Subventionskodex 94 die bereits im Subventionskodex 79 vorgesehene Zweiteilung beibehalten. D. h. er setzt sich – in Art. 10 ff – aus einem auf Art. VI GATT basierenden sog. „Track I" und – in Art. 3 ff – aus einem auf der Grundlage von Art. XVI GATT konzipierten sog. „Track II" zusammen.

b) Track I (Art. 10 ff Subventionskodex 94)

In diesem Teilkomplex bietet der Subventionskodex 94 keine wesentlichen Fortschritte gegenüber dem Subventionskodex 79. D. h. die einzelnen Mitgliedstaaten von GATT/WTO können nach wie vor mit Gegenmaßnahmen (insbesondere durch die Erhebung von Ausgleichszöllen) gegen andere (Subventionen gewährende) Mitgliedstaaten vorgehen, sofern durch die Subventionen das Kriterium „bedeutende Schädigung eines inländischen Wirtschaftszweiges oder diesbezügliche Bedrohung oder hierdurch bedingte erhebliche Verzögerung der Errichtung eines inländischen Wirtschaftszweiges" erfüllt ist.

Zwar hatten im Zuge der Uruguay-Runde einige GATT-Mitglieder, darunter auch die EU, versucht, die Forderung nach Ausgleichszöllen von einer „*Public Interest Clause*" abhängig zu machen.[48] Diese Bemühungen führten jedoch lediglich zu der nicht sehr hilfreichen, weil wenig konkreten, Vorschrift des Art. 19 Abs. 2, Satz 2 Subventionskodex 94, die es als „wünschenswert" bezeichnet, dass die beeinträchtigenden Interessen der von Ausgleichszöllen betroffenen inländischen Parteien gebührend berücksichtigt werden sollen.

c) Track II (Art. 3 ff Subventionskodex 94)

Anders als bei "Track I" wurden beim Teilkomplex "Track II" beachtliche materiellrechtliche Fortschritte erzielt. Denn in den Artikeln 3 ff Subventionskodex 94 wird nunmehr zwischen verbotenen, anfechtbaren und nichtanfechtbaren Subventionen differenziert.

aa) Wenn eine „verbotene Subvention" vorliegt, werden negative Auswirkungen auf den Welthandel unwiderlegbar unterstellt. Im multilateralen Streitschlichtungsverfahren führt dies ohne weiteres zu einer Ermächtigung des beschwerdeführenden Staates, angemessene Gegenmaßnahmen zu treffen.[49] „Verbotene Subventionen" sind – neben Art. 3 Abs. 1 lit. a Subventionskodex 94 (Exportsubventionen) – einem Beispielkata-

---

[48] *Stewart, T.P.* (Hrsg.), The GATT Uruguay Round. A Negotiation History (1986 – 1992), Vol. I, II, III, Deventer/Boston 1993, S. 847, 849, 946 f
[49] *Rodi*, a. a. O. (Fn 40), S. 130

log des Anhangs I zum Subventionskodex 94 zu entnehmen.

bb) Die „nichtanfechtbaren Subventionen" (als legitime Instrumente staatlicher Politik)[50] sind in Art. 8 f Subventionskodex 94 geregelt.

cc) Die in den Artikeln 5 ff Subventionskodex 94 normierten „anfechtbaren Subventionen" bilden gewissermaßen einen Auffangtatbestand,[51] weil sie inhaltlich nicht näher beschrieben sind. Im Wesentlichen handelt es sich hier um die bereits in Art. 8 Abs. 3 Subventionskodex 94 enthaltenen Tatbestände (z. B. Schädigung eines inländischen Wirtschaftszweiges).

Des Weiteren wird auf die Schutzbestimmung von Art. XIII GATT Bezug genommen. Schließlich wird in Art. 6 Subventionskodex 94 die allgemeine Voraussetzung des Art. XVI GATT („ernsthafte Schädigung der Interessen eines anderen Mitglieds") durch eine Reihe von Vermutungen erläutert.

d) Bestimmung des Begriffs „Subvention"

Im Einzelnen bestimmt Art. 1 Subventionskodex 94 den Begriff einer Subvention wie folgt:

„1.1 Im Sinne dieses Übereinkommens gilt als Subvention:
a) 1. ein finanzieller Beitrag einer Regierung oder öffentlichen Körperschaft im Gebiet eines Mitglieds (in diesem Abkommen „Regierung" genannt), nämlich
   (i) eine Regierungspraxis, die direkten Kapitaltransfer (z. B. Zuschüsse, Darlehen, Kapitalaufstockung), den möglichen direkten Trans-

---

[50] Vgl. Präambel zum Subventionskodex 79.
[51] *Rodi,* a. a. O. (Fn 40), S. 131

fer von Kapital oder Verbindlichkeiten (z. B. Darlehensgarantien) umfasst;

(ii) Verzicht auf oder Nichterhebung von fälligen staatlichen Einnahmen (z. B. steuerrechtliche Anreize wie Steuergutschriften);

(iii) wenn eine Regierung Waren oder Dienstleistungen über den allgemeinen Infrastrukturbedarf hinaus zur Verfügung stellt oder Waren ankauft;

(iv) wenn eine Regierung Zahlungen an Fondseinrichtungen leistet oder ein privates Organ mit der Durchführung einer oder mehrerer Arten der in (i) bis (iii) dargelegten Tätigkeiten betraut oder dazu anweist, die normalerweise von der Regierung vorgenommen werden, und diese Praxis sich materiell von den normalerweise von den Regierungen gepflogenen Praktiken nicht unterscheidet;
oder
a) 2. jede Form der Einkommens- oder Preisstützung im Sinne des Artikels XVI des GATT 1994;
und
b) wenn ein Vorteil daraus übertragen wird.
1.2 ..."

Insbesondere durch diese nun in Art. 1 Subventionskodex 94 enthaltene Begriffsbestimmung einer Subvention leistet der Subventionskodex 94 einen ganz beachtlichen materiellrechtlichen Beitrag zur Entwicklung einer internationalen Subventionsordnung.[52]

---

[52] *Rodi,* a. a. O. (Fn 40), S. 37

5. Resümee

Nachdem der Subventionskodex 94, ebenso wie GATT 1947/94 und die übrigen multilateralen Abkommen (insbesondere GATS, TRIPS etc.) gemäß Art. II Abs. 2 WTO-Abkommen nunmehr als integrierter Bestandteil des WTO-Abkommens fungiert, ist er für alle WTO-Mitgliedstaaten verbindlich. Da diese sehr zahlreich sind, ist es gerechtfertigt, von einer Universalisierung des GATT-Subventionsrechts zu sprechen.[53]

Auch die Tatsache, dass in Art. 1 Abs. 1 Subventionskodex 94 erstmalig eine Begriffsbestimmung der Subvention Eingang gefunden hat (s. o.), ist als sehr positiv zu werten.[54]

Als nach wie vor problematisch muss allerdings die (vom Subventionskodex 79 her beibehaltene) Aufteilung des Subventionskodex 94 in „Track I" (auf der Basis von Art. VI GATT) und „Track II" (auf der Grundlage von Art. XVI GATT) angesehen werden. Zwar leistet „Track II", einerseits wegen der hier vorgenommenen Differenzierung der Subvention in verschiedene Subventionstypen und der Möglichkeit, Meinungsverschiedenheiten der Mitgliedstaaten durch ein internationales Streitschlichtungsverfahren[55] entscheiden zu lassen, einen positiven Beitrag zur Subventionsrechtsordnung, zumal auch das Streitschlichtungsverfahren der Aufsicht und Verwaltung der WTO unterliegt, Art. III Abs. 3 WTO-Abkommen.

---

[53] *Rodi,* a. a. O., (Fn 40), S. 123
[54] *Collins-Williams, T., Salembier, G.,* International Disciplines on Subsidies. The GATT, the WTO and the Future Agenda, in: JWT 1996, S. 5 ff
[55] Dieses ist aus dem sog. „Panel-Verfahren" entstanden. Grundlegend hierzu: *Benedek, W.,* Die Rechtsordnung des GATT aus völkerrechtlicher Sicht, Heidelberg, 1990, S. 306 ff

Andererseits ist es den Mitgliedstaaten aber durch „Track I" (basierend auf Art. VI GATT) auch weiterhin gestattet, bei Streitigkeiten einseitig gegen Konkurrenten vorzugehen. Als Kriterium hierfür müssen sie lediglich nachweisen, dass durch die Gegenpartei „ein inländischer Wirtschaftszweig geschädigt" wird.

Nach bisheriger Vorgehensweise diente als Gegenmaßnahme in aller Regel die Erhebung von Ausgleichszöllen,[56] was allerdings in erster Linie nur den Interessen des Einfuhrlandes zugutekam. *Rodi* sieht in dieser durch „Track I" und „Track II" gegebenen „Doppelgleisigkeit" des Subventionskodex 94 auch nach der Uruguay-Runde das gravierendste Strukturproblem der GATT-Subventionsordnung.[57]

---

[56] *Langer, S.,* Grundlagen einer internationalen Wirtschaftsverfassung. Strukturprinzipien, Typik und Perspektiven anhand von Europäischer Union und Welthandelsorganisation, München 1995, S. 251 f
[57] *Rodi,* a. a. O. (Fn 40), S. 124

Antisubventionsmaßnahmen

Gliederung
1. Notwendigkeit
    a) Subventionspraktiken
    b) Handelssteuerung nur durch Zölle
2. Transparenz bei der Subventionsgewährung und bei Gegenmaßnahmen
3. Die Rechtsgrundlage des Art. VI GATT
4. Voraussetzungen für Antisubventionsmaßnahmen
    a) Voraussetzungen des Art. VI Abs. 6 a) GATT
    b) Auslegungsprobleme
5. Die Abwehr von unzulässigen Subventionen in der EU
    a) Rechtsgrundlagen
    b) „Schädigung" und Kausalität

1. Notwendigkeit

a) Subventionspraktiken

Die Notwendigkeit wirksamer Antisubventionsmaßnahmen wird besonders am Beispiel der Agrarpolitik deutlich, die über Jahrzehnte von wirtschaftlich potenten Staaten und Staatengemeinschaften wie den USA und der EU (seinerzeit EG) betrieben wurde. Mit riesigen Exportsubventionen dominierten diese Länder den Welthandel zu zwei Dritteln,[58] wobei eine abnehmende Tendenz bis in die jüngste Vergangenheit nicht wirklich erkennbar ist. Durch den hartnäckigen Subventionswettlauf, vor allem der beiden genannten Staaten bzw. Staatengemeinschaften auf den Welt-Agrarmärkten, leiden Preisniveau und -stabilität. Verlierer dieser protektionistischen Agrarpolitik sind reine Agrarexportländer, wie

---

[58] *Reyl, E.*, Gewinner und Verlierer, in: Handelsblatt vom 4.8.1988

z. B. Argentinien, das 75% seiner Devisenerlöse aus dem Export von Produkten der Agrar- und Nahrungsmittelwirtschaft erzielt.[59]

Ein ähnlich dramatischer Subventionswettbewerb zwischen der EU und den USA findet auch auf dem zukunftsträchtigen Markt der Luftfahrzeuge statt, und zwar derart, dass beiderseits hohe Subventionen auf unterschiedlichen Wegen, nämlich seitens der EU direkt, im Falle der USA indirekt über den Militärhaushalt, gewährt werden.[60]

b) Handelssteuerung nur durch Zölle

Nach den bisher mit Subventionen, insbesondere Exportsubventionen, gemachten Erfahrungen geht die Auffassung der Wirtschaftswissenschaft einhellig dahin, dass derartige Unterstützungsmaßnahmen nur in seltenen Ausnahmesituationen sinnvoll sind. Deshalb war schon zu Beginn der – 1979 zum Abschluss gebrachten – sogenannten Tokyo-Runde die Notwendigkeit erkannt worden, wirksame Regelungen, vornehmlich gegen Subventionen, aber auch gegen andere „nichttarifäre" Handelshemmnisse, zu schaffen.

Bei dem bereits erwähnten (s. o. Kapitel „Subventionskodex"), in Art. XI Abs. 1 GATT normierten Grundsatz *„Tariffs only"* (d. h. eine Bekämpfung der in Rede stehenden nichttarifären Handelshemmnisse soll nur durch Zölle erfolgen) handelt es sich zwar noch nicht eigentlich um Antisubventionsmaßnahmen. Allerdings liegt hier bereits die Erkenntnis zugrunde, dass sich nichttarifäre Handelshemmnisse, zu denen ja Subventionen gehören,

---

[59] *Solte, R.,* Der weltweite Agrarprotektionismus trifft vor allem Exportländer der Dritten Welt, in: Handelsblatt vom 29.3.1988

[60] *Hailbronner, K., Bierwagen, R.M.,* Das GATT – Die Magna Charta des Welthandels, in: J.A. 1988, S. 327

in der Praxis nur sehr schwer beherrschen lassen.[61] Die Vertragsparteien haben sich deshalb in der genannten Vorschrift verpflichtet, zur Handelssteuerung nur Zölle einzusetzen.

Die Forderung „*Tariffs only*" stellt indessen nur einen Grundsatz dar, gegen den vielfache Ausnahmeregelungen zulässig sind.

2. Transparenz bei der Subventionsgewährung und bei Gegenmaßnahmen

Um negative Auswirkungen von Subventionen zu vermeiden, sind naturgemäß rasche und gezielte Abwehrmaßnahmen gegen die Verursacher dieser negativen Auswirkungen zu treffen, d. h. gegen die Subventionen als solche. Das setzt größtmögliche Transparenz bei der Subventions*gewährung* voraus, was bereits durch Art. 7 Abs. 3 des Subventionskodex 79 gewährleistet war.

Das für eine funktionierende Subventionsordnung unabdingbare Erfordernis der Transparenz wurde durch den Subventionskodex 94 weiter ausgebaut. So sind für die Verfahrensalternative nach „Track I" (auf der Grundlage von Art. VI GATT) durch Art. 22 Subventionskodex 94 Mitgliedstaaten, die Gegenmaßnahmen, z. B. Ausgleichszölle, gegen Subventionen gewährende Mitgliedstaaten verhängen wollen, gehalten, die beabsichtigten Gegenmaßnahmen öffentlich bekannt zu machen und in einem Bericht schriftlich zu erläutern. Die hiervon betroffenen Mitgliedstaaten müssen unmittelbar in Kenntnis gesetzt werden.

---

[61] Grundlegend hierzu: *Baldwin, R.E.,* Nontariff Distortions of International Trade, Washington D.C. 1970; ferner: *Quambusch, L.,* Nicht-tarifäre Handelshemmnisse; ein Beitrag zu ihrer Systematisierung, Anwendung und Beseitigung, Köln, Institut für Wirtschaftspolitik an der Universität zu Köln, jeweils passim

3. Die Rechtsgrundlage des Art. VI GATT

Diese Vorschrift umfasst die möglichen Gegenmaßnahmen sowohl gegen Dumping als auch gegen (unzulässige) Subventionen. So werden gemäß Art. VI Abs. 3 GATT gegen Dumping Antidumpingzölle eingesetzt, und zwar dann, wenn die Preisdifferenz privatrechtlich bedingt ist.[62]

Für Abwehrmaßnahmen gegen Subventionen (oder Prämien) ist ebenfalls Art. VI Abs. 3 GATT einschlägig. Nach dieser Vorschrift sind Ausgleichszölle vorgesehen, d. h. Sonderzölle, die erhoben werden, „um jede mittelbar oder unmittelbar für die Herstellung, Gewinnung oder Ausfuhr einer Ware gewährte Prämie oder Subvention unwirksam zu machen", so Satz 2 der vorstehend genannten Norm.

4. Voraussetzungen für Antisubventionsmaßnahmen

a) Voraussetzungen des Art. VI Abs. 6 a) GATT

Damit ein importierender Staat gegen den die subventionierte Importware produzierenden fremden Staat Ausgleichszölle verhängen kann, müssen gemäß Art. VI Abs. 6 a) GATT folgende Voraussetzungen in dem die subventionierte Ware einführenden Staat erfüllt sein:

Durch die fremde Subvention muss
aa) ein bestehender Wirtschaftszweig bedeutend geschädigt werden
oder
bb) von einer Schädigung bedroht sein,
oder

---

[62] Vgl. hierzu: *Bratschi, P.,* Allgemeines Zoll- und Handelsabkommen (GATT), Zürich 1973, S. 37.

cc) die Errichtung eines Wirtschaftszweiges muss erheblich verzögert werden.

b) Auslegungsprobleme

Die diskriminierende Wirtschaftspolitik des Exporteurs als solche genügt also nicht, um abwehrende Ausgleichszölle im Einfuhrland zu rechtfertigen. Vielmehr muss darüber hinaus eine den vorgenannten Voraussetzungen entsprechende „Schädigung" im Einfuhrland selbst oder in einem Drittstaat, der die betreffende Ware ebenfalls in das Einfuhrland exportiert, vorliegen.[63, 64]

Gewisse Probleme ergeben sich allerdings nicht nur bei der Auslegung des Begriffs der „Schädigung", sondern auch bezüglich des Kausalitätserfordernisses.[65] Immerhin spricht Art. VI Abs. 6 a) GATT nicht von einer „Schädigung" allgemein, sondern bestimmt ausdrücklich, dass Ausgleichszölle zur Abwehr fremder Subventionen nur dann verhängt werden dürfen, wenn durch die Subventionierung eine *bedeutende* Schädigung eines inländischen Wirtschaftszweiges festgestellt worden ist.

---

[63] Vgl. hierzu Art. VI Abs. 6 b) GATT.
[64] Vertiefend zum Schadenserfordernis als Voraussetzung für die Erhebung von Ausgleichszöllen: *Reszel, P.*, Die Feststellung der Schädigung im Antidumping- und Antisubventionsrecht der Europäischen Gemeinschaften, Diss. (Osnabrück), Köln, Berlin, Bonn, München 1987, S. 29 ff
[65] *Reszel,* a. a. O. (Fn 64)

5. Die Abwehr von unzulässigen Subventionen in der EU

a) Rechtsgrundlagen

Für den Bereich der EU (seinerzeit EG) bestehen seit 1968 Schutzvorschriften gegen Praktiken von „Dumping, Prämien oder Subventionen aus nicht zur EWG gehörenden Ländern". Es handelt sich hierbei im Wesentlichen um die VO (EWG) Nr. 459/68 vom 5. April 1968.[66]

Im Unterschied zu den erläuterten Regeln des GATT betreffend Abwehrmaßnahmen gegen Subventionen werden nach in Europa herrschender Auffassung unter Subventionen nur staatliche oder aus staatlichen Mitteln gewährte Zuwendungen verstanden.[67] Ferner werden nach europäischer Rechtsauffassung als subventionsrechtlich relevant nur „wettbewerbsverfälschende Maßnahmen" angesehen, die den Herstellern der subventionierten Waren einen unlauteren Preis- oder Wettbewerbsvorteil verschaffen.[68]

Die Antisubventionsmaßnahmen der VO (EWG) Nr. 3017/79 und der Empfehlung Nr. 3018/79 EGKS setzen einerseits eine „bedeutende Schädigung" voraus. Andererseits können die Antisubventionsmaßnahmen autonom vom Einfuhrland selbst verhängt werden. Allerdings sind die Gemeinschaftsorgane zur Erhebung von Ausgleichszöllen nur dann verpflichtet, wenn Interessenverletzungen der Gemeinschaft vorliegen. *Ratio legis* ist hierbei die im öffentlichen Interesse gebotene Abwehr von

---

[66] ABl L 93, S. 1 ff (1968)
[67] *Beseler, J.-F.*, Die Abwehr von Dumping und Subventionen durch die Europäischen Gemeinschaften, Baden-Baden 1980, S. 41
[68] *Laubereau, H.*, Antidumping- und Ausgleichszölle, in: *Regul* (Hrsg.), Steuern und Zölle im gemeinsamen Markt, Baden-Baden, Lieferung Dezember 1978, S. 6

Schaden durch wettbewerbsverfälschende Subventionierung.[69]

b) „Schädigung" und Kausalität

Nachdem die Gemeinschaft in der ursprünglichen Fassung der VO (EWG) Nr. 459/68 das Schadenserfordernis noch offengelassen hatte, folgte sie hinsichtlich des Begriffs der „Schädigung" später der Regelung in Art. VI Abs. 6 a) GATT, die für die Zulassung von Abwehrmaßnahmen eine *bedeutende* Schädigung voraussetzt. Was das Erfordernis der Kausalität zwischen Schaden und Subvention anbelangt, so braucht die betreffende Subvention einerseits zwar nicht die *Haupt*ursache für den Schaden zu sein, muss aber andererseits – bei Abzug aller übrigen für den Schaden eventuell noch mitursächlichen Faktoren – für sich allein noch als kausal für eine „bedeutende" Schädigung gewertet werden können, ehe ein Eingreifen nach EU-Recht möglich ist. Hinsichtlich des Tatbestandsmerkmals „bedeutende Schädigung" wird allerdings ein gewisser Beurteilungsspielraum zugestanden.[70]

---

[69] *Kramer, E.A.,* Wettbewerb als Schutzobjekt des Antidumpingrechts, in: RIW/AWD 1975, S. 121 ff
[70] *Beseler,* a.a.O. (Fn 67), S.93, 99

Schutzklausel-Kodex

Gliederung
1. Begriff
2. Vertragliche Grundlagen
3. Zielsetzung des Schutzklausel-Kodex der ICC
4. Wesentliche Bestimmungen
5. Verfahrensregeln
    a) Schutzklausel-Ausschuss
    b) Anruf des Schutzklausel-Ausschusses
6. Resümee

1. Begriff

Der Schutzklausel-Kodex ist ein Instrumentarium zur Novellierung bzw. Ergänzung von Art. XIX GATT. Er wurde von der Internationalen Handelskammer (ICC)[71] ausgearbeitet.

2. Vertragliche Grundlagen

Ausgangspunkt des Schutzklausel-Kodex war die Schutzklausel des Art. XIX GATT, der unter bestimmten Voraussetzungen Schutzmaßnahmen gegen einen temporären übermäßigen, z. B. subventionsbedingten Einfuhrdruck von Seiten eines exportierenden Staates erlaubt. Durch die sogenannte *Escape Clause* (= Schutzklausel) erhält die gefährdete einheimische Industrie eine Art Sicherheitsventil, das es ihr in Notsituationen ermöglichen soll, sich auf radikal veränderte Wettbewerbsbedingungen umzustellen.

Allerdings war Art. XIX GATT wegen der damit verbundenen harten Auflagen in vielen Fällen nicht angewendet worden. So konnte z. B. das „erfolgreiche" Exportland, dessen Lieferungen aufgrund von Art. XIX GATT vorübergehend beschränkt wurden,

---

[71] *International Chamber of Commerce*

eine Entschädigung verlangen. Außerdem verbot die Meistbegünstigungsklausel des Art. I GATT eine selektive Anwendung des Art. XIX GATT auf nur diejenigen (wenigen) Länder, welche tatsächlich die heimische Industrie des betreffenden Staates gefährdeten.[72]

3. Zielsetzung des Schutzklausel-Kodex der ICC

Es geht hierbei im Wesentlichen um eine praxisnahe Interpretation von Art. XIX GATT und damit der durch diese Vorschrift normierten Schutzklausel (*Escape Clause*). Kernstück des Schutzklausel-Kodex ist ein sog. Schutzklausel-Ausschuss (*Safeguard Committee*), der die Aufgabe hat, zunächst alle bestehenden Schutzmaßnahmen aufzunehmen und damit der Disziplin des GATT zu unterstellen.

Hierbei beschränkt man sich nicht auf Schutzmaßnahmen innerhalb des GATT-Regelwerks. Vielmehr sollen auch Schutzmaßnahmen außerhalb der GATT-Regeln erfasst werden. Bei derartigen „externen" Schutzmaßnahmen handelt es sich insbesondere um Maßnahmen innerhalb der sogenannten Grauzone des GATT, gekennzeichnet durch Arrangements zwischen den Regierungen der betroffenen Staaten, unter Umgehung der GATT-Regeln.

Konkret bedeutet dies alles, dass in jedem Einzelfall die Einhaltung der Grundregel von Art. XIX GATT überprüft werden muss.

---

[72] *Haubenreisser, J.*, Die Weltwirtschaft braucht einen Kodex für die Anwendung der Schutzklauseln, in: Handelsblatt vom 8./9. April 1988, S. 16

4. Wesentliche Bestimmungen

Die wesentlichen Bestimmungen des Schutzklausel-Kodex sind:

(1) Nachweis einer unmittelbaren schweren Schädigung durch die Einfuhren des leistungsfähigeren Konkurrenten,

(2) zeitliche Befristung der Schutzmaßnahmen, die zugleich degressiver Natur sein müssen, und

(3) Beschränkung auf Ausnahmesituationen, in denen nur unter diesem besonderen Schutz eine Anpassung der „geschädigten Industrie" an radikal veränderte Wettbewerbsbedingungen möglich erscheint.[73]

5. Verfahrensregeln

a) Schutzklausel-Ausschuss

Hinsichtlich der zu beachtenden Regeln sieht der Schutzklausel-Kodex vor, dass ohne Genehmigung des Schutzklausel-Ausschusses (*Safeguard Committee*) eine Maßnahme nach Art. XIX GATT nicht mehr zulässig sein soll. Das bedeutet, dass auch die in der Vergangenheit üblichen einvernehmlichen „Grauzonen-Maßnahmen"[74] dann einer Genehmigung des Ausschusses bedürfen.

b) Anruf des Schutzklausel-Ausschusses

Jeder Signatarstaat des GATT soll das Recht haben, den Ausschuss anzurufen, wenn er seine Interessen durch eine Schutzmaßnahme verletzt glaubt, und

---

[73] *Haubenreisser,* a. a. O. (Fn 72)
[74] Vertiefend zur „Grauzonen-Problematik": *Gibbs, J.M.,* The Uruguay Round and the International Trading System, in: JWTL 1987, Vol. 21, Nr. 5, S. 5 f

zwar ohne dass er selbst Partei der betreffenden vom Ausschuss genehmigten Maßnahme zu sein braucht. Eine praxisnahe Gestaltung des Schutzklausel-Kodex soll ferner durch einzuhaltende knappe Fristen sowie die Möglichkeit erreicht werden, genehmigte Maßnahmen rasch überprüfen zu lassen.

6. Resümee

Man muss sich zunächst darüber im Klaren sein, dass der vorgeschlagene Schutzklausel-Kodex auf die zu bekämpfende Subventionspraxis nur einen indirekten Einfluss auszuüben vermag, da er nicht die Subventionspraxis als solche verbietet, sondern nur (vorübergehend) die Einfuhr subventionierter Produkte in bestimmte Länder verhindern kann. Im Übrigen rechnet die ICC wohl selbst damit, dass einzelne Regierungen die Vorschriften des Schutzklausel-Kodex als Eingriff in ihre Souveränität betrachten könnten.[75]

---

[75] So *Haubenreisser*, a. a. O., (Fn 72)

Streitbeilegungs- und Schlichtungsverfahren

Gliederung
1. Begriff und Funktion
2. Bisherige Regelung
    a) Vertragliche Grundlagen
    b) Anwendungsfälle
    c) Konsultationspflicht
    d) Einsetzung eines *Panel*
    e) (Weitere) Vorteile
3. Verbesserungsvorschläge der ICC
    a) Verbesserungsbedarf hinsichtlich des bisherigen Streitbeilegungsverfahrens
    b) Konkrete Vorstellungen der ICC
4. Das Übereinkommen über Subventionen und Ausgleichsmaßnahmen (SCM)
    a) Entstehung und Ziele
    b) Das neue Streitbeilegungssystem
        aa) Definition der „Subvention"
        bb) „Verbotene" Subventionen
        cc) Sanktionen
    c) Das neue Streitschlichtungsverfahren

1. Begriff und Funktion

Das Streitbeilegungs- und Schlichtungsverfahren ist ein der Kompetenz der WTO unterstelltes Instrumentarium zur Beilegung von Konflikten zwischen den Mitgliedsstaaten der WTO. Es ist damit gleichermaßen verbindlich für die Vertragsstaaten der unter dem Dach der WTO zusammengeführten Abkommen GATT, GATS und TRIPS.

Was die Subventionsproblematik anbelangt, so ist diese ja im GATT geregelt (siehe die gesamten obigen Ausführungen). Für Streitigkeiten, die Subventionen betreffen, ist somit das Streitbeilegungs- und Schlichtungsverfahren unter der Ägide der WTO anzuwenden.

2. Bisherige Regelung

a) Vertragliche Grundlagen

Bis zur Schaffung der WTO 1994 bzw. deren Inkrafttreten 1995 war das Streitbeilegungs- und Schlichtungsverfahren Bestandteil des sogenannten Subventionskodex 79, einer im Zuge der Tokyo-Runde ausgehandelten Zusatzvereinbarung des GATT mit dem vollständigen Titel „Übereinkommen zur Auslegung und Anwendung der Artikel VI, XVI und XXIII des Allgemeinen Zoll- und Handelsabkommens." In diesem Rahmen basierte das Streitbeilegungs- und Schlichtungsverfahren auf Art. XXIII GATT. Allerdings fand es – abweichend von Art. XXIII GATT – vor einem Ausschuss für Subventionen und Ausgleichszölle statt.

b) Anwendungsfälle

Das Streitbeilegungs- und Schlichtungsverfahren konnte zum einen bei Verletzung des Subventionskodex 79 eingeleitet werden. Zum anderen kam es in Betracht, wenn sich die andere Alternativmaßnahme zur Abwehr von Subventionen, nämlich die Erhebung von Ausgleichszöllen, als ungeeignetes Abwehrmittel herausstellte. Dies war dann der Fall, wenn

(1) Einfuhren in den Staat, der heimische Subventionen praktizierte, behindert oder von ihm verdrängt wurden, oder

(2) eine Exportsubvention die Interessen eines ausführenden Landes dadurch beeinträchtigte, dass die subventionierten Exporte gleichartige nichtsubventionierte Ausfuhren

dieses Landes vom Markt eines einführenden Drittlandes verdrängten.[76]

c) Konsultationspflicht

Wenn ein Signatarstaat der Auffassung war, dass ein anderer Signatarstaat kodexwidrige Ausfuhrsubventionen gewährte, sollte er zunächst diesen Staat unmittelbar konsultieren.[77] Wenn die Konsultation jedoch keine befriedigende Lösung des Konflikts erbrachte, konnte jede beteiligte Partei nach einer für die Konsultationen gesetzten Frist von 30 bzw. 60 Tagen[78] den Ausschuss für Subventionen und Ausgleichszölle anrufen.[79] Der Vorteil gegenüber der vorherigen Regelung in Art. XXIII GATT lag in der Verpflichtung der Parteien, genaue Fristen einzuhalten.

d) Einsetzung eines *Panel*

Sollten die Schlichtungsbemühungen des Ausschusses für Subventionen und Ausgleichszölle nicht zu einer einvernehmlichen Lösung geführt haben, so konnte jede Partei – nach Ablauf einer Frist von 30 Tagen nach Stellung des Schlichtungsgesuchs – die Einsetzung eines sogenannten *Panel* verlangen.[80]

Dessen Zusammensetzung und Aufgaben waren – hierbei der langjährigen bisher unkodifizierten Spruchpraxis im Rahmen des GATT folgend – nunmehr in Art. 18 des Subventionskodex 79 im Einzelnen festgeschrieben. Das *Panel* legte nach Prü-

---

[76] *Adamantopoulos, K.,* Das Subventionsrecht des GATT in der EWG, Diss. (Saarbrücken), Köln, Berlin, Bonn, München 1988, S. 41 ff (50 f)
[77] Art. 12 Subventionskodex 79
[78] Art. 13 Abs. 1 Subventionskodex 79
[79] Art. 13 Abs. 1 und 2 Subventionskodex 79
[80] Art. 17 Abs. 3 Subventionskodex 79

fung des Sachverhalts dem Ausschuss für Subventionen und Ausgleichszölle einen Bericht vor, aufgrund dessen der Ausschuss zunächst geeignete Empfehlungen an die Streitparteien aussprach. Wurden die Empfehlungen nicht befolgt, so durfte der Ausschuss geeignete Sanktionen verhängen, die auch die Rücknahme von Zugeständnissen oder Verpflichtungen aus dem GATT enthalten konnten.

e) (Weitere) Vorteile

Der Subventionskodex 79, der ja das Streitbeilegungs- und Schlichtungsverfahren mit umfasste, bewirkte als solcher eine rechtliche Konkretisierung der Vorschriften des GATT, und zwar hinsichtlich Gewährung und Abwehr von Subventionen. Diese rechtliche Konkretisierung wirkte sich auf das Streitbeilegungs- und Schlichtungsverfahren insofern sehr vorteilhaft aus, als dieses nunmehr quasi judikativen Charakter hatte und dadurch eine hohe Effizienz erhielt.[81] Wegen der hohen Effizienz dürfte das Streitbeilegungs- und Schlichtungsverfahren auch aus der Sicht der Signatarstaaten attraktiver gewesen sein als das bisherige Verfahren nach Art. XXIII GATT.[82]

---

[81] *Bleckmann, A.*, Subventionsprobleme des GATT und der EG, Ordnungsrahmen für das Recht der Subventionen – Internationaler Teil, in: RabelsZ 1984, S. 419 (425)
[82] *Hilf, M.*, Die Anwendung des GATT im deutschen Recht, in: Hilf, M., Petersmann E.U. (Hrsg.), GATT und die Europäische Gemeinschaft, Baden-Baden 1986, S. 11 ff

3. Verbesserungsvorschläge der ICC

a) Verbesserungsbedarf hinsichtlich des bisherigen Streitbeilegungsverfahrens

Wenn das Subventionsverbot gemäß den Vorstellungen der ICC (s. o., Kapitel „Subventionskodex") im internationalen Rahmen wirksam durchgesetzt werden sollte, so erforderte dies ein entsprechend effizientes Streitbeilegungsverfahren innerhalb des Subventionskodex. Das bestehende, innerhalb der Tokyo-Runde ausgehandelte Streitbeilegungsverfahren galt zwar als vorbildlich und fortschrittlich, wurde aber von den meisten Signatarstaaten kaum respektiert. Die ICC sah daher das Erfordernis, ihre diesbezüglichen Vorschläge aus dem ICC-Dokument in den Subventionskodex zu übertragen. Die Regeln des GATT und seiner Codices waren Kompromisse multilateraler Verhandlungen und daher notwendigerweise auslegungsbedürftig.

Diese Aufgabe fiel dem GATT-Streitbeilegungsverfahren zu, das ob seiner Schwierigkeit, anstehende Fälle zu lösen, zunehmend kritisiert wurde.[83] Nach der Ministererklärung vom September 1986 in Punta del Este[84] sollte das Streitbeilegungsverfahren mit dem Ziel verbessert werden, Obstruktion[85] zu verhindern und Akzeptanz seiner Ergebnisse zu erreichen.

---

[83] *Quick, R.,* Nur eine rasche Reform der Streitklauseln verleiht dem GATT mehr Glaubwürdigkeit, in: Handelsblatt vom 5.4.1988, S. 12

[84] Es handelt sich hier um die Auftaktkonferenz der Uruguay-Runde.

[85] Was den Vorwurf der Obstruktionspolitik angeht, so konnten sich diesem gerade die USA und die EG angesichts ihrer jahrelangen Agrarstreitigkeiten kaum entziehen.

b) Konkrete Vorstellungen der ICC

Die Vorstellungen der ICC gingen dahin, dass – gemäß dem Grundsatz der Artikel XXII, XXIII GATT – Konflikte durch bilaterale Konsultationen und Verhandlungen, also durch gütliche Einigung zwischen den Parteien, beigelegt werden sollten. Hierbei sollte der GATT-Generaldirektor die Rolle eines Schlichters übernehmen und damit stärker als bisher engagiert sein. Des Weiteren sollte das bisherige *Panel*-Verfahren (siehe oben) durch ein Verfahren vor einem permanenten Streitbeilegungsausschuss ersetzt werden. Alternativ hierzu könnte auch ein Schiedsverfahren von Vorteil sein. Um das Verfahren zu straffen, müssten auch zusätzliche Fristen eingeführt werden, innerhalb derer die verschiedenen Phasen der Streitbeilegung ablaufen würden.

Als Kernpunkt der betreffenden ICC-Vorschläge ist die Schaffung eines permanenten Streitbeilegungsausschusses zu betrachten,[86] zumal dieser sich aus GATT-Experten und nicht aus Vertretern der Vertragsparteien zusammensetzen sollte. Hierdurch würde Qualität und Kontinuität der Konfliktlösung gewährleistet sein sowie Obstruktion von vornherein verhindert werden können.

Allerdings sollte der Ausschuss selbst keine Entscheidung treffen. Er sollte vielmehr – wie bisher schon – dem GATT-Rat einen Bericht vorlegen, der mit einer Entscheidungsempfehlung verbunden sein sollte. Die endgültige Entscheidungsbefugnis verblieb also beim GATT-Rat, der bei der Entscheidungsfindung allerdings vom Streitbeilegungsausschuss maßgeblich unterstützt wurde.

Als bedeutsames Novum ist ferner zu erwähnen, dass die Streitparteien selbst nicht mehr an der Entscheidung des GATT-Rates beteiligt sein sollten, was zweifellos zu einem höheren Maß an Gerechtig-

---

[86] *Quick,* a. a. O. (Fn 83)

keit bei der jeweiligen Entscheidung beitragen würde.

4. Das Übereinkommen über Subventionen und Ausgleichsmaßnahmen (SCM)

a) Entstehung und Ziele

Im Rahmen der 1994 zum Abschluss gebrachten sogenannten Uruguay-Runde, die zu Anfang eigentlich nur dem GATT gewidmet war, aufgrund der während ihres Verlaufs gewonnenen Erkenntnisse letztlich aber zur Gründung der Dachorganisation WTO und zweier weiterer ihr unterstellter Vertragswerke, nämlich GATS und Trips, geführt hatte, war man von Anfang an bestrebt, den Bereich der Subventionen neu zu regeln. Denn der bereits in der sog. Tokyo-Runde (bis 1979) geschaffene Subventionskodex 79 wurde von den Vertragsstaaten des GATT zunehmend als unbefriedigend empfunden.

Ziel der diesbezüglichen Verhandlungen war es insbesondere, ein Gleichgewicht zwischen einer intensiveren Überwachung von im globalen Rahmen gewährten Zuwendungen und einer Begrenzung der infolgedessen den Empfängerstaaten auferlegten Ausgleichszölle zu schaffen.

Diese Überlegungen führten schließlich zum „Übereinkommen über Subventionen und Ausgleichsmaßnahmen" (*Agreement on Subsidies and Countervailing Measures, SCM*), das dann zu einem festen Bestandteil des GATT-Vertragssystems erklärt wurde. Es handelt sich hier um den im Rahmen der vorliegenden Abhandlung bereits ausführlich erläuterten „Subventionskodex 94". (Siehe hierzu oben: Kapitel „Subventionskodex".) Das SCM (Subventionskodex 94) hat die Aufgabe, die Zulässigkeit bestimmter Subventionsarten zu regeln. Darüber hinaus erteilt es den Mitgliedstaaten der WTO die Befugnis, nach den Regeln des SCM geeignete Mittel gegen die Subventionierung von Importprodukten anzuwenden.

b) Das neue Streitbeilegungssystem

aa) Definition der „Subvention"

Das Streitbeilegungssystem des SCM befasst sich nur mit *bestimmten* Subventionen. Hierzu war zunächst einmal der Begriff der Subvention verbindlich zu definieren. So sieht das SCM eine Subvention (nur) dann als gegeben an, „wenn eine Regierung oder öffentliche Körperschaft eine finanzielle Beihilfe leistet oder eine Einkommens- oder Preisstützung im Sinne des Art. XVII GATT gewährt, durch die einem Unternehmen ein Vorteil erwächst."[87] Bei den in Rede stehenden „finanziellen Beihilfen" kann es sich um unmittelbare Geldzuwendungen, aber auch um mittelbare finanzielle Vorteilsgewährungen, wie z. B. einen Erlass von Steuern und sonstigen Abgaben oder einen Verzicht auf Bürgschaften u. a. m. handeln.

bb) „Verbotene" Subventionen

Gegenstand des neuen Streitbeilegungssystems des SCM sind nur die sogenannten verbotenen Subventionen, eine von zwei relevanten Subventionsarten. (Zur zweiten Subventionsart, den sog. *Actionable Subsidies*,[88] siehe die Ausführungen weiter unten.) Zu den vom neuen Streitbeilegungssystem erfassten *verbotenen* Subventionen gehören Exportsubventionen,[89, 90] darüber hinaus aber auch solche Subven-

---

[87] Art. 1 Nr. 1 SCM (Subventionskodex 94)
[88] Es handelt sich hier um Subventionen, die zu Gegenmaßnahmen seitens des hierdurch belasteten Vertragsstaats berechtigen.
[89] Diese sollen es dem Herstellerunternehmen erleichtern, seine Waren auszuführen, werden also nur für Produkte gewährt, die für den Export bestimmt sind.

tionen, die durch inländische Waren gegenüber ausländischen bevorteilt werden.

cc) Sanktionen

Hat die WTO in Anwendung des neuen Streitbeilegungssystems eine Entscheidung gefällt, z. B. dem subventionierenden Staat auferlegt, die betreffenden Subventionen zu unterlassen, so ist dem unbedingt Folge zu leisten. Anderenfalls ist der beschwerdeführende Staat berechtigt, ausreichende Gegenmaßnahmen zu treffen, etwa geeignete Strafzölle zu erheben.

c) Das neue Streitschlichtungsverfahren

Dieses befasst sich mit der zweiten relevanten Subventionsart, bei der es um Zuwendungen geht, die „eine nachteilige Auswirkung auf die Interessen anderer Mitglieder der WTO" haben. Ist dies der Fall, so wird von der WTO im Streitschlichtungsverfahren dem subventionierenden Staat aufgegeben, die betreffenden Subventionen zu unterlassen. Wenn der „verurteilte" Staat eine solche Entscheidung nicht akzeptieren möchte, muss er den Gegenbeweis antreten, d. h. den Nachweis erbringen, dass die in Rede stehenden Subventionen sich *nicht* nachteilig auf die Interessen anderer WTO-Mitgliedstaaten auswirken. Ein solcher Gegenbeweis dürfte allerdings in vielen Fällen schwierig sein.

---

[90] Siehe hierzu oben, Kapitel „Exportsubventionen".

Exkurs: Das Subventionsrecht der EU

Gliederung
1. Die Subvention
   a) Der Subventionsbegriff
   b) Rechtsposition der EU gegenüber GATT und Subventionskodex 79
2. Anwendbarkeit des GATT/WTO-Subventionsrechts?
3. Die Abwehr von Subventionen
   a) Antisubventionsmaßnahmen
      aa) Schutzvorschriften der EU
      bb) VO (EWG) Nr. 3017/79 und Empfehlung Nr. 3018/79 EGKS
   b) Das Erfordernis der „Schädigung" und die Kausalität
   c) Das Verfahren

1. Die Subvention

a) Der Subventionsbegriff

Wegen der im internationalen Rahmen unterschiedlichen Auffassungen, was den Begriff der Subvention anbelangt, ist das Gemeinschaftsrecht[91] weitgehend auf die Formulierungen des GATT angewiesen. Allerdings verzichtet das Gemeinschaftsrecht seit 1979 auf die in Art. VI GATT zu findende Unterscheidung zwischen „Prämien" und „Subventionen". Wenn überhaupt, so wird der Ausdruck „Prämie" als Synonym des Subventionsbegriffs verstanden.[92]

---

[91] Vgl. Art. 3 VO (EWG) Nr. 3017/79 und die Empfehlung Nr. 3018/79 EGKS.
[92] *Beseler, J.-F.,* Die Abwehr von Dumping und Subventionen durch die Europäischen Gemeinschaften, Baden-Baden 1980, S. 95

Allerdings bedient sich das EU-Recht nicht nur des Subventionsbegriffs als solchen, sondern daneben häufig auch des Begriffs der „Beihilfe". Letzterer kann als spezifisch europarechtlich bezeichnet werden.[93] So spricht etwa Art. 4 lit. c EGKSV von „Subventionen oder Beihilfen". Der Europäische Gerichtshof (EuGH) versteht in ständiger Rechtsprechung den Begriff der „Beihilfe" als Oberbegriff, der den Begriff der „Subvention" umfasst.[94, 95]

In Übereinstimmung mit den nach GATT, einschließlich Subventionskodices 79/94, geltenden internationalen Subventionskriterien setzt eine Subvention auch nach EU-Recht eine unmittelbar oder mittelbar gewährte Begünstigung zum Vorteil bestimmter Unternehmen oder Wirtschaftszweige[96] voraus.

b) Rechtsposition der EU gegenüber GATT und Subventionskodices

Eine wesentliche Abweichung von der Subventionsregelung im GATT und seinen Subventionskodices 79/94 besteht darin, dass nach in Europa h. M. unter Subventionen nur staatliche oder aus staatlichen Mitteln gewährte Zuwendungen verstanden werden.[97] Ferner werden nach europäischer Rechtsauffassung – im Gegensatz zu GATT und Subventionskodices – als subventionsrechtlich relevant nur „wettbewerbsverfälschende Maßnahmen" angesehen, die durch Verschiebung der komparati-

---

[93] So *Rodi, M.,* Die Subventionsrechtsordnung, Tübingen 2000, S. 38
[94] *Rodi,* a. a. O. (Fn 93), S. 39
[95] Vgl. z.B. hierzu: EuGH, Rs 30/59, Steenkolenmignen, Slg. 1961, S. 1, 42 f, zu Art. 4 lit. c EGKSV.
[96] Art. 2 EWGV
[97] So *Beseler,* a. a. O. (Fn 92), S. 77. Vgl. auch Art. 92 EWGV, der das Kriterium staatlicher Intervention zum Tatbestandsmerkmal der „Beihilfe" erhebt.

ven Kostensituation einer Ware deren Herstellern einen unlauteren Preis- oder Wettbewerbsvorteil verschaffen.[98]

2. Anwendbarkeit des GATT/WTO-Subventionsrechts?

Zwar hat der EuGH bis 1994 eine unmittelbare Anwendung der GATT-Normen innerhalb der EU-Rechtsordnung immer wieder verneint.[99], [100] Gegen diese Rechtsprechung und damit *für* eine grundsätzliche Anwendung der GATT-Regeln innerhalb des EU-Rechts lässt sich allerdings argumentieren, dass durch die Weiterentwicklung des GATT/WTO-Rechts im Zuge der „Uruguay-Runde" gerade das bisherige Flexibilitätsprinzip des GATT (Verhandlungen der Mitgliedstaaten „auf der Grundlage der Gegenseitigkeit und zum gemeinsamen Nutzen") begrenzt werden sollte.[101]

Dieses Bestreben findet nicht zuletzt seinen Ausdruck in der Neugestaltung des Streitschlichtungsverfahrens, welches nunmehr quasi wie ein Gericht arbeitet und nicht nur für die jeweiligen Parteien,

---

[98] Vgl. *Laubereau, H.*, Antidumping- und Ausgleichszölle, in: *Regul* (Hrsg.), Steuern und Zölle im Gemeinsamen Markt, Baden-Baden, Lieferung Dezember 1978, S. 6. Vgl. ferner: Art. 92 EWGV.
[99] Vgl. hierzu nur: EuGH, Rs. C-280/93, „Bananengrundentscheidung", Slg. 1994 I, S. 4973, 5071 ff.
[100] Siehe auch die diesbezügliche Übersicht bei: *Kuilwijk, K.,J.*, The European Court of Justice and the GATT Dilemma: Public Interest versus Individual Rights?, Den Haag 1996, S. 91 ff; ferner: *Ott, A.*, GATT und WTO im Gemeinschaftsrecht. Die Integration des Völkervertragsrechts in die Europäische Gemeinschaftsrechtsordnung am Beispiel des GATT-Vertrags und der WTO-Übereinkünfte, Köln 1997, S. 129 ff
[101] *Rodi*, a. a. O. (Fn 93), S. 137

sondern auch für die übrigen Mitgliedstaaten verbindlich ist.[102]

Darüber hinaus ergibt sich die grundsätzliche Möglichkeit einer unmittelbaren Anwendung des GATT-Subventionsrechts im Rahmen der EU-Rechtsordnung aber auch aus dem Gemeinschaftsrecht selbst. Denn die EU ist Mitglied der WTO, und gemäß Art 300 Abs. 7 EGV sind die von der Gemeinschaft geschlossenen Abkommen für deren Organe und Mitgliedstaaten verbindlich.

3. Die Abwehr von Subventionen

a) Antisubventionsmaßnahmen

aa) Schutzvorschriften der EU

Für den Bereich der EU bestehen seit 1968 Schutzvorschriften gegen „Praktiken von Dumping, Prämien oder Subventionen aus nicht zur EWG gehörenden Ländern."[103] Insbesondere hinsichtlich der Behandlung von Subventionen wurden 1979 infolge der Ergebnisse der „Tokyo-Runde" (Subventionskodex 79) Änderungen notwendig, ohne dass man jedoch die Grundstruktur des bisherigen Antisubventionssystems antastete.[104] Im Falle der Abwehr (unzulässiger) Subventionen sind von der EG im Wesentlichen die diesbezüglichen Vorschriften des GATT-Subventionskodex von 1979 (Subventionskodex 79) übernommen worden. Nach dem Subventi-

---

[102] So zu Recht: *Meng, W.,* Gedanken zur Frage unmittelbarer Anwendung von WTO-Recht in der EG, in: *U. Beyerlein, M. Botke, R. Hofmann, E.-U. Petersmann* (Hrsg.), Recht zwischen Umbruch und Bewahrung, FS für Rudolph Bernhardt, Berlin u.a. 1995, S. 1084

[103] VO (EWG) 459/68 vom 5.4.1968, ABl L 93, S. 1 ff (1968). Vgl. hierzu ferner: *Eiselstein, C.,* Die Europäische Gemeinschaft in der Weltwirtschaftsordnung, (Diss.) Tübingen, Berlin 1987, S. 107

[104] *Eiselstein,* a. a. O. (Fn 103)

onskodex 79 sind bei Gewährung unzulässiger[105] Subventionen alternativ zwei Sanktionsmöglichkeiten gegeben:

(1) Gegen Export-, Produktions- oder Transportsubventionierung einer Ware kann das Einfuhrland einen Ausgleichszoll in Höhe des Subventionsbetrages erheben, wenn die Schädigung eines Wirtschaftszweiges vorliegt.[106] Im Falle von Exportsubventionen ist es hierbei unerheblich, ob diese nach Art. XVI Abs. 4 GATT und dem Subventionskodex 79 verboten sind oder nicht.[107] Diese auf Art. VI GATT basierende Möglichkeit einer einseitigen Vorgehensweise des jeweiligen Mitgliedstaats ist im Subventionskodex 94 beibehalten worden und dort mit dem Begriff „Track I" bezeichnet (s. o., Kapitel „Subventionskodex").

(2) Wird eine Exportsubvention im Sinne von Art. XVI Abs. 4 GATT gewährt, welche die Wirtschaft bzw. die Interessen eines anderen Landes schädigt, können – nach vorherigem Konsultations-, Schlichtungs- und Streitbeilegungsverfahren – „besondere Gegenmaßnahmen"[108] durch die WTO genehmigt werden. Diese Alternative steht den Mitgliedstaaten auf der Grundlage von Art. XVI GATT offen („Track II" im Subventionskodex 94) und ist im Sinne der angestrebten Liberalisierung des Welthandels grundsätzlich dem „Track I"-Verfahren vorzuziehen.

---

[105] i. S. v. Art. 8 und 9 Subventionskodex 79
[106] Art. VI Abs. 3 GATT und Art. 1 Subventionskodex 79
[107] Vgl.: Les droits antidumping et les droits compensateurs, Rapport du Groupe d'Experts, GATT, Genève 1961, S. 21.
[108] D. h. vornehmlich die Rücknahme von Zollzugeständnissen oder anderen Verpflichtungen im Rahmen des GATT, Art. XXIII GATT.

bb) VO (EWG) Nr. 3017/79 und Empfehlung Nr. 3018/79 EGKS

Die Antisubventionsmaßnahmen der VO (EWG) Nr. 3017/79 und der Empfehlung Nr. 3018/79 EGKS beschränken sich auf die „Variante (1)" des Subventionskodex 79, die – im Gegensatz zur „Variante (2)" – dadurch gekennzeichnet ist, dass sie einerseits eine „bedeutende Schädigung" voraussetzt. Andererseits können die Antisubventionsmaßnahmen aber autonom vom Einfuhrland selbst verhängt werden.

Freilich sind die Gemeinschaftsorgane zur Erhebung von Ausgleichszöllen nur dann verpflichtet, wenn Interessenverletzungen der Gemeinschaft vorliegen. *Ratio legis* ist hierbei die im öffentlichen Interesse gebotene Abwehr von Schaden durch wettbewerbsverfälschende Subventionierung.[109]

b) Das Erfordernis der „Schädigung" und die Kausalität

Nachdem die Gemeinschaft in der ursprünglichen Fassung der VO (EWG) Nr. 459/68 das Schadenserfordernis noch offengelassen hatte, legte sie sich diesbezüglich nach der „Tokyo-Runde" fest, indem sie die Schadensregelung des Subventionskodex 79 übernahm.[110]

Was das Erfordernis der Kausalität zwischen Schaden und Subvention anbelangt, so gelten die diesbezüglichen Vorschriften der Subventionskodices 79 bzw. 94 auch in der EU. D. h. die betreffende Subvention braucht einerseits zwar nicht die *Haupt*ursache für einen Schaden zu sein, muss aber ande-

---

[109] Vgl. *Kramer, E.A.*, Wettbewerb als Schutzobjekt des Antidumpingrechts, in: RIW 1975, S. 121 ff.
[110] Vgl. Art. 2 Abs. 1 und Art. 3 Abs. 1 und 4 der VO (EWG) Nr. 3017/79 und die Empfehlung Nr. 3018/79 EGKS.

rerseits – bei Abzug aller übrigen für den Schaden eventuell noch mitursächlichen Faktoren – für sich allein noch als kausal für eine „bedeutende" Schädigung gewertet werden können, ehe ein Eingreifen nach EU- bzw. GATT-Recht möglich ist.

Allerdings wird den EU-Organen hinsichtlich des Tatbestandsmerkmals „bedeutende Schädigung" ein gewisser Beurteilungsspielraum belassen.[111]

c) Das Verfahren

Auch für das gemeinschaftsrechtliche Verfahren der Verhängung von Antisubventionsmaßnahmen ist Rechtsgrundlage die VO (EWG) Nr. 3017/79. Die hierbei vorgesehene Kompetenzverteilung zwischen Rat und Kommission beruht auf Art. 113 EWGV. D. h. in der EU sind die handelspolitischen Schutzmaßnahmen der Zuständigkeit der Mitgliedstaaten entzogen und gehören gemäß Art. 113 EWGV zur ausschließlichen Zuständigkeit der EU.[112] Art. 113 EWGV behält also die Gestaltung der gemeinschaftlichen Handelspolitik grundsätzlich dem Rat vor. Der Kommission indessen wird das alleinige Initiativrecht zugesprochen.[113]

Was die Einleitung des Verfahrens anbelangt, so folgt das Gemeinschaftsrecht[114] hier der betreffenden Regelung des Subventionskodex,[115] indem es im Normalfall die Verfahrenseröffnung durch die Kommission auf Antrag des jeweiligen geschädigten Wirtschaftszweiges der Gemeinschaft vorsieht, ohne jedoch den Antrag ausdrücklich zur Zulässigkeitsvoraussetzung zu machen.

---

[111] Vgl. *Beseler,* a. a. O. (Fn 92), S. 93 und 99.
[112] Vgl. hierzu auch: *Riesenkampf, A., Pfeifer, A.,* Die Abwehr von gedumpten und subventionierten Einfuhren in die Europäische Gemeinschaft, DB 1987, S. 2505 f.
[113] *Beseler,* a. a. O. (Fn 92), S. 113
[114] Art. 5 und Art. 7 Abs. 1 VO (EWG) Nr. 3017/79 und Empfehlung Nr. 3018/79 EGKS
[115] Art. 2 Abs. 1 Subventionskodex 94

Literaturverzeichnis

Adamantopoulos, K., Das Subventionsrecht des GATT in der EWG, (Diss. Saarbrücken), Köln, Berlin, Bonn, München 1988

Baldwin, R.E., Nontariff Distortions of International Trade, Washington D.C., 1970

Benedek, W., Die Rechtsordnung des GATT aus völkerrechtlicher Sicht, Heidelberg u. a. 1990

Beseler, J.-F., Die Abwehr von Dumping und Subventionen durch die Europäischen Gemeinschaften, Baden-Baden 1980

Beyerlein, U., M. Bothe, R. Hofmann, E.U. Petersmann (Hrsg.), Recht zwischen Umbruch und Bewahrung, FS für Rudolph Bernhardt, Berlin u. a. 1995

Bierwagen, R.M. (zus. mit *Hailbronner, K.*), Das GATT – Die Magna Charta des Welthandels, in: JA 1988, S. 318 (321)

Bleckmann, A., Subventionsprobleme des GATT und der EG, Ordnungsrahmen für das Recht der Subventionen – Internationaler Teil, in: RabelsZ 1984, S. 419 (425)

Bratschi, P., Allgemeines Zoll- und Handelsabkommen (GATT), Zürich 1973

Collins-Williams, T., Salembier, G., International Disciplines on Subsidies. The GATT, the WTO and the Future Agenda, in: Journal of World Trade 1996, S. 5 ff

Crocioni, P., The GATT Rules on Industrial Subsidies, in: Austrian Journal of Public International Law, Bd. 47 (1994), S. 49 ff

Der Betrieb (Zeitschrift) 1984

Director-General of GATT, The Tokyo Round of Multilateral Trade Negotiations (Report), Genf 1989

Eiselstein, C., Die Europäische Gemeinschaft in der Weltwirtschaftsordnung (Diss. Tübingen), 1987

Gibbs, J. M., The Uruguay Round and the International Trading System, in: JWTL 1987, Vol. 21, Nr. 5, S. 5 f

Groupe d' Experts, Les droits antidumping et les droits compensateurs (Rapport), GATT, Genève 1961

Hailbronner, K., Bierwagen, R.M., Das GATT – Die Magna Charta des Welthandels, in: JA 1988, S. 318 (321)

Handelsblatt vom 29.3.1988

Dass. vom 5.4.1988

Dass. vom 8./9.4.1988

Dass. vom 4.8.1988

Dass. vom 24.10.1988

Haubenreisser, J., Die Weltwirtschaft braucht einen Kodex für die Anwendung der Schutzklauseln, in: Handelsblatt vom 8./9.4.1988

Hilf, M., Die Anwendung des GATT im deutschen Recht, in: *Hilf, M., Petersmann, E.U.,* (Hrsg.), GATT und Europäische Gemeinschaft, Baden-Baden 1986

Hilf, M., Petersmann, E.U. (Hrsg.), GATT und Europäische Gemeinschaft, Baden-Baden 1986

Jackson, J.H., Legal Problems of International Economic Relations, Cases, Materials and Texts, St. Paul, Minn. 1977

Ders., World Trade and the Law of the GATT, Indianapolis 1969 *Journal of World Trade Law* (JWTL) 1980

Dass., 1987

Juristische Arbeitsblätter (JA) 1988

Kelkar, V., GATT, Export Subsidies and Developing Countries, in: JWTL 1980, S. 368

Kramer, E.A., Wettbewerb als Schutzobjekt des Antidumpingrechts, in: RIW 1975

Kuilwijk, K.J., The European Court of Justice and the GATT Dilemma: Public Interest versus Individual Rights?, Den Haag 1996

Langer, S., Grundlagen einer internationalen Wirtschaftsverfassung. Strukturprinzipien Typik und Perspektiven anhand von Europäischer Union und Welthandelsorganisation, München 1995

Laubereau, H., Antidumping- und Ausgleichszölle, in: *Regul* (Hrsg.), Steuern und Zölle im Gemeinsamen Markt, Baden-Baden, Dezember 1978

Lehmann, Ch., Produktionssubventionen im Ausgleichszollrecht: Umsetzung des GATT-Subventionskodex in den USA und den Europäischen Gemeinschaften, Schriften zum internationalen Recht, Bd. 51, Berlin 1990 (zugleich Diss. 1988)

Meng, W., Gedanken zur Frage unmittelbarer Anwendung von WTO-Recht in der EG, in: *U. Beyerlein, M. Bothe, R. Hofmann, E.U. Petersmann* (Hrsg.), Recht zwischen Umbruch und Bewahrung, FS für Rudolph Bernhardt, Berlin u. a. 1995, S. 1063 ff

Molsberger, J., Allgemeines Zoll- und Handelsabkommen, in: Staatslexikon, 7. Aufl., Bd. 1/1985, S. 107, 109

Müller, H.-J., GATT-Rechtssystem nach der Tokio-Runde, Berlin 1986

Ott, A., GATT und WTO im Gemeinschaftsrecht. Die Integration des Völkervertragsrechts in die europäische Gemeinschaftsrechtsordnung am Beispiel des GATT-Vertrags und der WTO-Übereinkünfte, Köln u. a. 1997

Pfeifer, A. (zus mit *Riesenkampff, A.*), Die Abwehr von gedumpten und subventionierten Einfuhren in die Europäische Gemeinschaft, DB 1987

Quambusch, L., Nicht-tarifäre Handelshemmnisse; ein Beitrag zu ihrer Systematisierung, Anwendung und Beseitigung, Köln, Institut für Wirtschaftspolitik an der Universität zu Köln, 1976

Quick, R., Die Europäische Gemeinschaft und die U.S.A. zeigen sich ablehnend gegenüber multilateralen Regelungen, in: Handelsblatt vom 24.10.1988

Ders., Nur eine rasche Reform der Streitklauseln verleiht dem GATT mehr Glaubwürdigkeit, in: Handelsblatt vom 5.4.1988, S. 12

Rabelszeitschrift (RabelsZ) 1984

Rapport du Groupe d' Experts: Les droits antidumping et les droits compensateurs, GATT, Genève 1961

Regul (Hrsg.), Steuern und Zölle im Gemeinsamen Markt, Baden-Baden, Dezember 1978

Reszel, P., Die Feststellung der Schädigung im Antidumping- und Antisubventionsrecht der Europäischen Gemeinschaften, (Diss. Osnabrück), Köln, Berlin, Bonn, München 1987

Reyl, E., Gewinner und Verlierer, in: Handelsblatt vom 4.8.1988

Riesenkampff, A., Pfeifer, A., Die Abwehr von gedumpten und subventionierten Einfuhren in die Europäische Gemeinschaft, DB 1987

Rodi, M., Die Subventionsrechtsordnung, Tübingen 2000

Schoch, F., Unbestimmte Rechtsbegriffe im Rahmen des GATT, Frankfurt a. M. 1994

Schriften zum internationalen Recht, Bd. 51, Berlin 1990

Solte, R., Der weltweite Agrarprotektionismus trifft vor allem Exportländer der Dritten Welt, in: Handelsblatt vom 29.3.1988

Staatslexikon, 7. Aufl., Bd. 1/1985

Stewart, T.P., (Hrsg.), The GATT Uruguay Round. A Negotiation History (1986 – 1992), Vol. I, II, III, Deventer/Boston 1993

The Tokyo Round of Multilateral Trade Negotiations, Report by the Director of GATT, Genf 1989

Viner, J., Memorandum on Dumping, Genf 1926

Sachverzeichnis

Abbau (Zölle) - S. 18, 22
Abgaben - S. 71
Abwehrmaßnahmen - S. 26, 55 f, 58 f
Abwehrmittel - S. 65
Abwehr von Subventionen - S. 40 f, 53, 57 f, 65, 67, 76, 78
Adäquanz von Subventionen und Ausgleichszoll - S. 46
Agrarexportländer - S. 53
Agrarpolitik - S. 53
Agrarprodukte - S. 46 f
Agreement on Subsidies and Countervailing Measures - S. 70
Allgemeines Abkommen über den Handel mit Dienstleistungen (GATS) - S. 16 f, 20, 51, 64, 70
Allgemeines Zoll- und Handelsabkommen (GATT) - S. 15 ff, 23 ff
anfechtbare Subventionen - S. 48 f
Anruf des Schutzklausel-Ausschusses - S. 62
Antidumping-Kodex - S. 42
Antidumpingzölle - S. 26, 56
Antisubventionsmaßnahmen - S. 43, 53, 56, 58, 73, 76, 78 f
Antisubventionssystem - S. 76
Anwendungsfälle - S. 65
Arrangements (Regierungen) - S. 61
Auflagen - S. 60
Ausfuhrsubventionen - S. 26, 39 f, 47, 66
Ausfuhrunterstützungen - S. 32
Ausgleichszölle - S. 24, 26, 41, 43 ff, 47 f, 52, 55 ff, 65
ausgleichszollfähige Subventionen - S. 43 ff, 47
Auslegung - S. 18
Auslegungsprobleme - S. 57
Ausnahmeregelungen - S. 25, 55
Ausnahmesituationen - S. 54, 62

Ausschuss des Subventionskodex - S. 40
Ausschuss für Subventionen und Ausgleichszölle - S. 65 ff
Banken - S. 28, 34
bedeutende Schädigung - S. 47, 57 ff, 78 f
Beförderung (Waren) - S. 28, 34
Befristung (Schutzmaßnahmen) - S. 62
Begriff der Subvention - S. 27 ff, 34, 43
Begriffsbestimmung - S. 27, 33, 49 f
Begünstigungen - S. 35
Behinderungen (protektionistische) - S. 18
Beihilfe(n) - S. 71, 74
Beilegung (Konflikte) - S. 64
Beispielliste für Exportsubventionen - S. 38
Beschränkungen (mengenmäßige) - S. 19, 22
Beurteilungsspielraum - S. 59, 79
Bevorteilung - S. 28
bi-level-pricing - S. 31
Bürgschaften - S. 28, 71
Dachorganisation - S. 16, 18, 70
Darlehen - S. 49
Darlehensgarantien - S. 50
Definition (Dumping, Subvention) - S. 27 f, 71
Devisenerlöse - S. 54
Dienstleistungen - S. 16 f
Differenzierung (Subventionen) - S. 35, 51
Diskriminierung(en) - S. 18
Diskriminierungsverbot - S. 18 ff
Doppelgleisigkeit - S. 52
Doppelpreismechanismus - S. 39
Drittstaat - S. 57
Dumping - S. 20, 22 f, 26 f, 33 f, 38, 56, 58, 76
Effizienz (Streitbeilegungs- und Schlichtungsverfahren) - S. 67
Eingriffe (protektionistische) - S. 30
Einfuhrdruck - S. 60
Einfuhrland - S. 52, 57ff, 77 f
Einkommensstützung - S. 50, 71

Empfehlungen (Ausschuss für Subventionen und Ausgleichszölle) - S. 67
Empfehlung Nr. 3018/79 EGKS - S. 58, 73, 78
Entschädigung - S. 61
Entscheidungsbefugnis - S. 69
Entscheidungsempfehlung - S. 69
Entscheidungsfindung - S. 69
Entwicklungsländer - S. 19
ernsthafte Schädigung - S. 49
Erzeugnisse (mineralische, verarbeitete) - S. 26, 39 f
Escape Clause - S. 60 f
EU-Rechtsordnung - S. 75
Europäischer Gerichtshof (EuGH) - S. 74 f
exportbestimmt - S. 36
Exporte - S. 19, 65
Exporteur - S. 57
Exportsubventionen - S. 25 f, 30 ff, 53 f, 65, 77
Flexibilitätsprinzip - S. 75
Förderungsmaßnahmen - S. 34
Fortschritte (materiellrechtliche) - S. 47 f
Fristen - S. 63, 66, 69
GATT-Generaldirektor - S. 69
GATT-Experten - S. 69
GATT-Rat - S. 69
GATT-Vertragssystem - S. 70
Gegenbeweis - S. 72
Gegenmaßnahmen - S. 47 f, 53, 55 f, 72, 77
Gegenseitigkeit - S. 18, 75
geistiges Eigentum - S. 17, 20
geistiges Kapital - S. 17
Geldzuwendungen - S. 71
Gemeinschaftsorgane - S. 58, 78
Gemeinschaftsrecht - S. 73, 76, 79
Genehmigung (Schutzklausel-Ausschuss) - S. 62
General Agreement on Tariffs and Trade (GATT) - S. 15 ff, 23 ff
General Agreement on Trade in Services (GATS) - S. 16 f, 20, 51, 64, 70
Gerechtigkeit - S. 70

geschädigte Industrie - S. 44
Geschäftsverkehr (grenzüberschreitend) - S. 17
Grauzone - S. 61
Grauzonen-Maßnahmen - S. 62
Grundstoffe - S. 26, 39 f
Handelsbegünstigungen - S. 15, 19
Handelsbeziehungen - S. 19
Handelsbezogene Aspekte der Rechte an geistigem Eigentum (TRIPS) - S. 16 f, 20, 51, 64, 70
Handelshemmnisse - S. 15 f, 20, 22 f, 25, 38, 54
Handelshindernisse - S. 18
Handelspolitik - S. 79
Handelsschranken - S. 18, 22
Handelssteuerung - S. 25, 53 ff
Hauptursache (Schaden) - S. 59, 78
heimische Subventionen - S. 38, 65
Immaterialgüterrechte - S. 17
Importe - S. 19, 42 f
Importerzeugnis - S. 36
Importprodukte- S. 36, 71
Importware - S. 36, 56
Industrie - S. 31, 33, 35, 43 ff, 60 f
Initiativrecht - S. 79
Inländergleichbehandlung - S. 15, 19 f
Inlandsindustrie - S. 36
Instrumentarium zur Novellierung - S. 60
Instrumente staatlicher Politik - S. 49
Interesse - S. 38, 48 f, 52, 62, 65
Interessenverletzungen - S. 58, 78
International Chamber of Commerce (ICC) - S. 44
Internationale Handelskammer - S. 44
Investitionen - S. 17
Kalkulationsprinzipien - S. 46
Kausalität - S. 44, 59, 77
Kausalitätserfordernis - S. 41, 57
Kennedy-Runde - S. 22
Know-how - S. 17
Kommission - S. 79
Kommunikation - S. 17

Kompensationskassen - S. 28
Kompetenzverteilung - S. 79
Konflikte - S. 64, 66, 69
Konfliktlösung - S. 69
Konkretisierung der Vorschriften des GATT - S. 67
Konkurrenzkampf - S. 36
Konsultation - S. 66, 69
Konsultationspflicht - S. 25, 66
Liberalisierung - S. 15, 20, 77
Listen (exemplarische) - S. 45
Luftfahrzeuge - S. 54
marktwirtschaftliche Prinzipien - S. 18
Meistbegünstigung - S. 15
Meistbegünstigungsgrundsatz - S. 19
Meistbegünstigungsklausel - S. 18 ff, 61
Meldepflicht - S. 46
Militärhaushalt - S. 54
Mineralerzeugnisse - S. 40
Ministererklärung vom September 1986 - S. 86
Mitgliedstaaten - S. 15, 18 f, 38, 47, 51 f, 55, 70, 72, 75 ff, 79
Most-favoured Nation Clause (MFN) - S. 18
multilaterale Abkommen - S. 51
Nachahmungen - S. 17
Nahrungsmittelwirtschaft - S. 54
Nettovorteil - S. 44 f
nichtanfechtbare Subventionen - S. 48 f
Nichtdiskriminierung - S. 15
Nichterhebung (Einnahmen) - S. 50
nichttarifär (Handelshemmnisse) - S. 20, 22 f, 25, 38, 54
Notifikationspflicht - S. 25, 40
Notsituationen - S. 60
Obstruktion - S. 68 f
Obstruktionspolitik - S. 68 (FN 85)
öffentliche Körperschaft - S. 71
öffentliches Interesse - S. 58, 78
Panel - S. 66
Panel-Verfahren - S. 69

Praktiken (Dumping, Prämien, Subventionen) - S. 58, 76
Prämie - S. 26, 28, 34, 56, 73, 76
Preisdifferenz - S. 56
Preisdiskriminierung - S. 27
Preisniveau - S. 36, 53
Preisstabilität - S. 53
Preisstützung - S. 50, 51
Preisunterbietung - S. 27 f, 33 f
Preisvorteil - S. 36, 58, 75
Produkt- und Markenpiraterie - S. 17
Produktionssubventionen - S. 31, 33 ff
Public Interest Clause - S. 48
Rat (EU) - S. 79
Regierung - S. 34, 49 f, 61, 63, 71
Regierungsmaßnahme - S. 44 f
Regierungspolitik - S. 29
Regierungspraxis - S. 49
Reziprozität - S. 15, 18
Reziprozitätsgrundsatz - S. 15, 19
Safeguard Committee - S. 61 f
Sanktionen - S. 46, 67, 72
Schaden - S. 31, 44, 47, 59, 78 f
Schadenserfordernis - S. 59, 78
Schädigung - S. 41 f, 47, 49, 56 ff, 73, 77 ff
Schädigungstatbestand - S. 41, 78
Schiedsverfahren - S. 69
Schlichtungsgesuch - S. 66
Schlichtungsbemühungen - S. 66
Schutzklausel - S. 61
Schutzklausel-Ausschuss - S. 61 f
Schutzklausel-Kodex - S. 60 ff
Schutzmaßnahmen - S. 60 ff, 79
Schutzobjekt - S. 59 (FN 69) S. 78 (FN 109)
Schutzvorschriften - S. 58, 76
Schutzzweck - S. 44
SCM - S. 70 f
selektive Anwendung (Art. XIX GATT) - S. 61
Sicherheit und Ordnung (öffentliche) - S. 20

Sicherungssysteme (soziale) - S. 16
Sonderzölle - S. 26, 56
spezifische Subvention - S. 45 (FN 46)
Spezifität - S. 45
Spruchpraxis - S. 66
staatliche Einnahmen - S. 50
staatliche Mittel - S. 58, 74
Steuergutschriften - S. 50
Steuern - S. 71
Strafzölle - S. 72
Streitbeilegungsausschuss - S. 69
Streitbeilegungssystem - S. 71 f
Streitbeilegungsverfahren - S. 43, 64 ff, 77
Streitigkeiten - S. 52, 64
Streitparteien - S. 67, 69
Streitschlichtungsverfahren - S. 48, 51, 72, 75
Strukturproblem - S. 52
Stützungsmaßnahmen - S. 30
Subventionierung - S. 25, 27, 57, 59, 71, 77 f
Subventionsarten - S. 30, 35, 70 f
Subventionsbegriff - S. 27 ff, 34, 43
Subventionsdisziplin - S. 46
Subventionskodex 79 - S. 24, 38 ff, 46 f, 41, 55, 65 ff, 70, 73, 76, 78
Subventionskodex 94 - S. 24, 42, 47 ff, 50 ff, 55, 70, 77
Subventionskomitee - S. 47
Subventionsordnung - S. 43, 50, 52, 55
Subventionspraktiken - S. 40, 53
Subventionspraxis - S. 63
Subventionsrecht - S. 43, 51, 73 ff
Subventionsvarianten - S. 26
Subventionsverbot - S. 46 f, 68
Subventionswettbewerb - S. 54
Subventionswettlauf - S. 53
Übereinkommen über Subventionen und Ausgleichsmaßnahmen - S. 24, 42

Übereinkommen zur Auslegung und Anwendung der Artikel VI, XVI und XXIII des Allgemeinen Zoll- und Handelsabkommens vom 12. April 1979 - S. 24, 38, 65
Überwachung (Zuwendungen) - S. 70
Universalisierung - S. 51
unkodifizierte Spruchpraxis - S. 66
Unternehmer - S. 27, 33
Unterstützungsmaßnahmen - S. 54
Untersuchungsbehörde - S. 41
unzulässige Subventionen - S. 38, 40
Uruguay-Runde - S. 15 f, 22 ff, 42, 48, 52, 70, 75
Verbände - S. 28, 34
Verbesserungsbedarf - S. 68
Verbesserungsvorschläge der ICC - S. 44, 68
Verbindlichkeiten - S. 50
verbotene Subventionen - S. 48
Verbraucher - S. 32, 36
Vergünstigungen - S. 28, 34
Verhältnismäßigkeit - S. 20
Verknappung - S. 32, 36
Verletzung des Subventionskodex - S. 65
Verteuerung - S. 32, 36
Vertragsstaaten - S. 15, 18 f, 24, 64, 70
Vertragswerke - S. 16, 70
Verwendungszweck - S. 34
VO (EWG) Nr. 459/68 - S. 58 f, 78
VO (EWG) Nr. 3017/79 - S. 58, 78 f
volkswirtschaftliche Folgen - S. 30
Vorstellungen der ICC - S. 47, 68 f
Vorteilsgewährungen - S. 71
Vorteilszuwendung - S. 35
Welthandel - S. 18, 20, 30, 32, 36, 39, 48, 53
Welthandelsorganisation (WTO) - S. 15 f, 18 ff, 22 f, 51, 64 f, 70, 72, 76 f
Weltmarkt - S. 26
Wettbewerb - S. 17 f
Wettbewerbsbedingungen - S. 19, 34, 60, 62

wettbewerbsverfälschende Maßnahmen - S. 58, 74
wettbewerbsverfälschende Subventionierung - S. 59, 78
Wettbewerbsverzerrung - S. 45
Wettbewerbsvorteil - S. 36, 58
Wirtschaftspolitik - S. 27, 33 f, 57
Wirtschaftsprobleme - S. 29
Wirtschaftszweig(e) - S. 38, 42, 47 f, 52, 57, 74, 77, 79
World Trade Organisation (WTO) - S. 15 f, 18 ff, 22 f, 51, 64 f, 70, 72, 76 f
Zinserleichterungen - S. 28
Zollnachlässe - S. 19
Zollrunde(n) - S. 15 f, 20, 22, 24, 38
Zollsenkungen - S. 22
Zugeständnisse - S. 18 f, 67
Zuschüsse - S. 28, 49
Zuständigkeit - S. 79
Zuwendung - S. 28, 31, 33 ff, 58
Zweiteilung des Subventionskodex - S. 47

www.ingramcontent.com/pod-product-compliance
Lightning Source LLC
Chambersburg PA
CBHW060402190526
45169CB00002B/720